La joie de vivre

Du même auteur:

Les miracles de la pensée, Éd. du Roseau
Le visage du bonheur, Éd. du Roseau

ISBN 2-920083-17-1
Dépôt légal 4e trimestre 1985
Bibliothèque nationale du Québec
Bibliothèque nationale du Canada

Distributeur: Diffusion Raffin
7870, Fleuricourt
St-Léonard (Québec)
H1R 2L3

L'art de vivre

La joie de vivre

Orison Swett Marden

Le Secret du bonheur

du Roseau

CHAPITRE PREMIER
Vivons dans le moment présent

Heureux est l'homme qui sait faire sien le moment présent
et qui peut se dire: Quoi qu'il arrive demain, j'ai vécu aujourd'hui.
DRYDEN

Si quelque habitant d'une autre planète pouvait venir visiter la nôtre, il penserait sans doute, en considérant ses habitants, que ceux-ci sont tous en route pour une destination éloignée, et que ce qu'ils appellent la vie n'est qu'une courte halte, un séjour temporaire dans leur propre pays.

Ce visiteur trouverait bien peu de personnes sachant vivre dans le moment présent. La plupart des hommes ont leurs regards fixés sur l'avenir, et pensent qu'ils n'auront vraiment le temps de vivre et de jouir de la vie que lorsque leurs affaires seront meilleures, leur fortune faite, lorsqu'ils auront pu acquérir certaines choses qu'ils considèrent comme nécessaires à leur bonheur, ou se débarrasser de ce qui les gêne, en un mot, lorsque tout autour d'eux sera harmonieux et confortable. Ils ne savent jouir de rien *aujourd'hui*.

Nos yeux sont si obstinément fixés sur l'avenir, sur quelque but lointain, que nous ne savons pas voir les beautés et les joies du moment présent. Nous vivons dans l'attente de ce qui viendra plus tard, et nous perdons ainsi la faculté de jouir de ce que la vie nous offre *aujourd'hui* de bon et de beau. Nous vivons *demain*, sans nous rendre compte qu'en réalité *demain* ne vient jamais, puisqu'il est toujours renvoyé au lendemain.

Nous ressemblons à des enfants poursuivant un arc-en-ciel. Si nous pouvions l'atteindre, quel bonheur! Nous perdons notre temps à construire des châteaux en l'air pour l'avenir. Nous ne croyons pas que le moment présent est celui qui vaut la peine d'être vécu, et nous nous imaginons que celui qui viendra après sera meilleur.

Aussi la plupart des hommes sont-ils mécontents, nerveux, agités et malheureux. Ils ont un regard inquiet, qui semble scruter l'horizon, et prouve qu'ils ne vivent pas dans le présent.

Beaucoup de personnes s'attardent dans le passé, et regrettent les occasions perdues et les chances qu'elles ont laissé échapper; en le faisant, elles négligent le moment présent, qui leur semble de peu de valeur; elles n'en feront cas que lorsqu'il aura passé. Il est étonnant de constater quelles forces nous perdons à regretter le passé, et comme nous comprenons bien ce que nous aurions pu faire, lorsqu'il est trop tard. Oh! comme nous agirions autrement si ces occasions nous étaient rendues!

Le bonheur d'une multitude de gens est compromis par le souvenir de fautes commises, ou d'expériences malheureuses faites dans le passé. Pour être heureux, il nous faut apprendre à oublier, à enterrer tout ce qui nous rappelle de fâcheux souvenirs. Car ces souvenirs ne peuvent que nous enlever l'énergie dont nous avons besoin pour corriger nos erreurs et réparer nos bévues.

Dans une séance d'un Congrès d'agriculture, on demandait un jour, à un vieux fermier, son opinion sur la qualité du terrain nécessaire pour faire prospérer une certaine espèce de fruit. «Cela n'a pas grande importance, répondit le vieillard; la qualité de l'homme qui cultive le terrain a plus de valeur que celle du terrain lui-même.» C'est ainsi qu'un fermier intelligent, travailleur et habile, fait ses affaires avec un terrain pauvre et stérile, tandis que celui qui ne possède pas ces qualités s'appauvrit, même sur le sol le plus riche.

Le bonheur ne dépend pas autant des circonstances extérieures que de notre état d'esprit.

Il n'est pas difficile de trouver le bonheur dans des conditions idéales; tout le monde en est capable. Mais celui-là seul qui est bien équilibré, et sait se dominer, le fait surgir des conditions les plus désavantageuses. «Le paradis est ici et nulle part ailleurs; vous devez avoir le bonheur en vous-même, ou vous ne le trouverez jamais.»

Le malheur est que nous attendons trop d'événements extraordinaires; nous oublions ainsi de regarder les fleurs qui se trouvent sur le chemin de la vie, et qui nous offrent pourtant leur beauté, leur parfum et une pure jouissance.

Beaucoup de personnes, qui essayent cependant de se développer dans tous les domaines, ont de la peine à voir comment elles pourraient trouver le bonheur dans leur vie humble et monotone, dans la vocation qu'elles ont choisie par nécessité ou pour faire vivre ceux qui dépendent d'elles. Ces personnes feraient bien d'étudier la vie des abeilles, qui, à chaque minute de la belle saison, savent trouver ce qui leur est nécessaire pour faire leur miel, dans des mauvaises herbes, dans des fleurs vénéneuses, dans ce qui semblerait impossible de leur fournir une nourriture saine.

Si nous parvenons à être heureux, ce sera parce que nous aurons su tirer notre bonheur de notre environnement, malgré ses vexations, ses soucis et ses conditions défavorables. Celui qui n'apprend pas, à mesure qu'il avance, à trouver son bonheur dans son travail de chaque jour, avec toutes ses épreuves, ses difficultés, ses désappointements, n'a pas su découvrir le grand secret de la vie. C'est dans le cycle des devoirs journaliers, dans les luttes et les difficultés de la vie, dans les frottements avec les autres, dans la mêlée quotidienne avec le monde agité, bruyant, intéressé, que nous devons butiner le miel de la vie, tout comme les abeilles savent tirer le suc de toutes les espèces de plantes.

Le monde entier renferme des mines de joies inexploitées. Partout où nous allons, nous rencontrons le minerai du bonheur; apprenons à l'extraire. «Chaque chose a sa valeur, si seulement nous savons la découvrir. La moitié des joies de la vie se trouve dans les petites choses, cueillies au passage.»

Réalisez-vous parfois que vous vivez actuellement la vie qui vous semblait si pleine de promesses dans votre enfance et votre adolescence? Retrouvez-vous, dans les jours et les semaines qui s'enfuient, les radieux rêves d'avenir, qui enchantaient votre imagination juvénile comme le mirage du désert charme le voyageur fatigué? Vous arrêtez-vous quelquefois, pour considérer que le temps que vous essayez de tuer maintenant est celui après lequel vous avez si ardemment soupiré, et qui vous semblait alors si précieux; que les moments qui vous pèsent si lourdement sont ceux que vous étiez décidé à ne pas laisser échapper avant qu'ils vous aient donné tout ce qu'ils renfermaient?

Pourquoi ce qui vous semblait un paradis, quand vous le regardiez à travers les lunettes de la jeunesse, vous semble-t-il maintenant un désert aride? Parce que votre vision est défectueuse. Vous considérez votre environnement d'un faux point de vue. Vous êtes désappointé, mécontent et malheureux, parce que vous dépensez en vains regrets le temps qui, bien employé, convertirait ce qui vous semble un désert aride en un paradis semblable à celui que vous rêviez dans votre jeune âge.

«Oui, ici, dans le moment actuel, si misérable, si méprisable, ici et nulle part ailleurs, se trouve la réalisation de ton idéal. Fais-l'en surgir; travaille, crois, vis, et sois libre. L'idéal est en toi-même, les obstacles à sa réalisation sont aussi en toi-même; tes conditions de vie ne sont que la matière d'où tu dois faire surgir ton idéal. Peu importe que cette matière soit fine ou grossière, si la forme que tu lui donneras est héroïque, poétique! Oh! toi qui te sens ligoté par le moment présent, et qui réclames avec amertume aux dieux un royaume où tu pourrais régner, apprends cette vérité: ce que tu cherches est déjà près de toi, ici et nulle part ailleurs, si seulement tu peux t'en rendre compte!»

Vous vous imaginez que lorsque vous atteindrez le pays fertile de l'avenir, les fruits tomberont mûrs dans votre giron, sans que vous ayez ensemencé ou arrosé le sol. Vous rêvez de moissonner où vous n'avez pas semé. Vous regardez toujours à l'avenir, poursuivant un mirage. Vous vous éveillerez un jour, et vous découvrirez, peut-être trop tard, qu'il n'y a rien à récolter dans l'âge mûr, pour celui qui n'a pas semé dans sa jeunesse.

Nous ne pouvons pas affranchir notre vie du temps. Pourquoi sommes-nous si insouciants, si prompts à perdre du temps, tout spécialement dans la jeunesse, alors que nous tenons cependant tant à la vie? En gaspillant le temps, du même coup nous perdons notre vie; en l'employant bien, nous enrichissons notre existence.

Combien peu de personnes savent voir le rapport qui existe entre le temps et la vie! On croit pouvoir gaspiller le temps en toutes espèces de folies et de dissipations, sans nuire à la vie; mais les deux sont inséparables. Souvenez-vous que, lorsque nous négligez une heure ou une soirée, ou, ce qui est pire encore, lorsque vous les dépensez dans des plaisirs qui démoralisent, affaiblissent le caractère et créent des habitudes vicieuses, vous détruisez une portion de votre vie. Lorsque vous aurez atteint la vieillesse, vous regretterez amèrement le temps précieux que vous aurez ainsi gaspillé.

Il n'y a qu'une manière de vivre réellement: c'est de commencer chaque journée avec la ferme résolution d'en tirer le meilleur parti possible, de ne rien négliger de ce qui peut la rendre bonne et fructueuse. Peu importe, ce qui arrivera ou n'arrivera pas, soyez résolu à retirer de chacune des expériences de la journée quelque chose de bon, quelque chose qui vous rendra plus sage, et vous enseignera à commettre moins d'erreurs le lendemain. Dites-vous: «Aujourd'hui, je commence une nouvelle vie. J'oublierai tout ce qui, dans le passé, m'a causé de la peine, du chagrin ou de la honte.»

J'ai connu une mère qui, lorsque la mort lui eut enlevé ses enfants, son mari et presque toute sa famille, demandait chaque jour que la mort vînt la délivrer de ses affreuses souffrances. Mais au bout de quelques années, on la vit de nouveau sereine et heureuse; elle s'était consolée en aidant les autres. Le monde ne lui semblait plus si noir, et la vie n'était plus pour elle une cruelle énigme. Trop de gens avaient besoin d'être aidés et encouragés.

La nature est miséricordieuse envers nous. Elle est un bon docteur; elle met le «baume de Galaad» sur nos blessures, et guérit nos maladies mentales d'une façon merveilleuse. Si la nature n'avait pas ce pouvoir guérisseur, le monde aurait un aspect lugubre, car bien peu d'entre nous n'ont pas connu les souffrances causées par la mort d'êtres aimés.

Prenez, chaque matin, la résolution de tirer le meilleur parti de *ce jour-là*, non pas de quelque autre jour alors que vous vous porterez mieux, que vous aurez une famille, ou que vos enfants seront élevés, ou que vous aurez surmonté toutes vos difficultés. *Vous ne les surmonterez jamais toutes.* Vous ne pourrez jamais éliminer toutes les choses qui vous ennuient, vous troublent, et créent des frottements dans votre vie. Vous ne serez jamais débarrassé de tous les petits ennemis de votre bonheur, des mille et un désagréments de l'existence, mais *vous pourrez tirer le meilleur parti des choses telles qu'elles sont.*

Ce qui fait que nos vies sont si mesquines et si peu productives, c'est que nous ne vivons pas dans le moment présent; nous ne concentrons pas nos énergies, nos ambitions, notre attention, notre enthousiasme sur le moment actuel.

Soyez fermement résolu à jouir *du jour d'aujourd'hui*, et ne permettez pas aux soucis et aux appréhensions du lendemain de venir vous dérober ce qui vous appartient aujourd'hui: votre droit inaliénable est d'être heureux *aujourd'hui*.

Ayez un dialogue intime avec vous-même chaque matin, et dites-vous: «Peu importe ce qui m'arrivera ou ne m'arrivera pas aujourd'hui, il y a une chose dont je suis sûr: c'est que je veux tirer le meilleur parti de cette journée. Je ne permettrai pas que quoi que ce soit vienne me dérober mon bonheur; j'ai le droit de *vivre* vraiment pendant cette journée, et non pas seulement d'*exister*.

«Peu m'importe ce qui surviendra, je ne permettrai pas aux ennuis, aux difficultés qui pourront entraver mon chemin, de me priver de ma paix et de mon repos d'esprit. Quoi qu'il arrive, je ne veux pas être malheureux aujourd'hui. Je veux vivre et jouir complètement de ce jour. Je ne permettrai pas aux ennemis de mon bonheur de venir le ternir. Aucun des malheurs du passé, rien de ce qui m'est arrivé de désagréable ou de tragique ne pénétrera dans mon esprit. Seules, les bonnes pensées, la joie, les amis de mon bonheur, de ma paix, de mon succès, pourront trouver accès dans mon âme aujourd'hui. Je détruirai les vilains tableaux que les ennemis de mon bonheur ont suspendus aux murailles de mon esprit, et je les remplacerai par des peintures de choses qui encouragent, qui réjouissent, et qui augmentent l'énergie. Tout ce qui m'a entravé et m'a rendu malheureux sera exclu. Et quand le soir viendra je pourrai dire: «J'ai vécu aujourd'hui.»

Cette orientation nouvelle, optimiste, renouvelée chaque matin, changera rapidement notre manière de concevoir la vie et accroîtra beaucoup notre énergie. Il s'agit de maîtriser notre cerveau, de former de nouvelles associations de pensées, pour préparer ainsi la voie à une nouvelle conception du bonheur.

Pourquoi nous rendrions-nous misérables en vivant dans le passé, en nous attardant à considérer nos erreurs, à regretter les occasions perdues, ou à compter nos malheurs?

Je n'ai jamais vu personne accomplir quelque chose d'utile ou de bon en se lamentant sur soi-même, en se condamnant pour ses fautes ou ses erreurs, ou en déplorant les événements du passé.

Vous avez besoin de toutes vos forces pour rendre votre vie belle et utile, et vous ne pouvez certainement pas concentrer votre pensée sur le moment présent, ni agir avec cette énergie qui accomplit de grandes choses, si vous vivez dans le passé.

Chaque parcelle de force que vous dépensez pour des choses qui ne peuvent être changées est de la force gaspillée en vain, et qui vous manquera pour atteindre un noble but. Peu importe ce qu'a été le passé, il doit être oublié.

Repoussez donc toutes ces pensées sombres, menaçantes, déprimantes. Elles ne font que vous décourager, et vous empêchent d'être actif dans le présent.

Chassez de votre mémoire vos erreurs de jugement; oubliez vos expériences malencontreuses, quelque dures qu'elles puissent avoir été. Repoussez la tentation de vous appesantir sur vos fautes, et prenez la résolution de faire mieux à l'avenir.

Rien n'est plus fou, plus stupide que de ressusciter le squelette du passé, les tristes images, les actions honteuses, les expériences néfastes d'hier, pour gâter le travail d'aujourd'hui. Beaucoup de personnes qui n'ont eu que de l'insuccès jusqu'à maintenant, pourraient faire des merveilles dans l'avenir, si seulement elles voulaient oublier le passé, lui fermer à jamais la porte, et recommencer leur vie.

Quelque douloureux qu'ait été votre passé, oubliez-le. S'il jette une ombre sur le présent et vous porte à la mélancolie ou au découragement, s'il n'y a rien en lui qui puisse vous aider, raison de plus pour ne pas en garder le souvenir. Enterrez-le si profondément qu'il ne puisse ressusciter.

Une des tâches les plus stupides, les plus insensées qu'on puisse entreprendre, est d'essayer de modifier, de changer ce qui ne peut être changé.

La nature humaine possède l'étrange faculté de transporter toutes les bonnes choses de la vie dans une existence à venir. L'homme est immortel *maintenant*; il ne *sera pas* immortel, il *l'est*. Si nous possédons la nature divine, cette nature est parfaite *maintenant*, et si nous voulions seulement en réclamer tous les privilèges comme nous appartenant, au lieu de croire que nous les acquerrons dans l'avenir, nous progresserions rapidement.

Nous devons cueillir le bonheur le long du chemin, sinon nous le perdrons. Lorsque les enfants d'Israël traversaient le désert, ils étaient nourris chaque matin de manne fraîche. Ceux d'entre eux qui n'eurent pas assez de foi pour croire que le Seigneur les nourrirait chaque jour, essayèrent de faire des provisions, mais la manne se gâta. Ceci fut une leçon pour eux. Ils ne devaient pas pourvoir à leur nourriture du lendemain, mais se confier dans le Dispensateur de tout bien, et croire qu'il les nourrirait chaque jour. Notre bonheur ressemble à la manne. Nous devons le récolter à nouveau chacun des jours de notre vie.

Partout, nous rencontrons des gens qui essayent d'amasser du bonheur pour l'avenir. Mais ils ont la surprise de voir qu'ils ne peuvent le conserver, qu'il doit être employé à mesure. Nous devons jouir du bonheur comme d'une fleur fraîchement cueillie.

Beaucoup de choses, telles que les généreuses impulsions, sont bonnes pour le jour présent, et ne vaudront rien le lendemain. Combien de personnes négligent de témoigner leur bienveillance ou leur amour jusqu'à ce que la personne qui devait en être l'objet soit au delà de leur atteinte! Elles cherchent alors à réparer le passé en versant des larmes à son enterrement, ou en couvrant son cercueil de fleurs.

Aujourd'hui est le jour de dire le mot aimable que nous avons sur les lèvres, d'obéir à la généreuse impulsion qui étreint notre cœur. Telle personne qui hante votre esprit, et que vous vous promettez d'aider, a besoin de votre aide maintenant. Outre ses propres soucis et ses propres devoirs, le lendemain aura tous ceux que nous avons négligés la veille, et ses ressources ne seront pas plus grandes que celles du jour d'hier qui a passé.

Qu'est-ce qui vous fait croire que demain vous accomplirez des choses étonnantes, alors qu'aujourd'hui vous perdez votre temps à des choses inutiles? Pourquoi *aujourd'hui* vous semble-t-il si prosaïque, et *demain* si poétique, si plein de promesses?

Quelle raison avez-vous de croire que vous serez heureux, harmonieux, désintéressé et charitable dans l'avenir, alors que vous êtes aujourd'hui irritable, égoïste, méchant et malheureux? Comment se fait-il que vous espériez avoir le temps, demain, d'écrire des lettres à vos amis et à ceux que vous savez tristes et découragés, de travailler à votre propre développement, d'enrichir votre esprit, quand vous ne savez pas trouver le temps de le faire aujourd'hui?

Qu'y a-t-il dans le lendemain qui puisse opérer magiquement un tel progrès sur aujourd'hui? Qu'est-ce qui vous fait croire que vous serez généreux demain, alors que vous êtes aujourd'hui si avare? Pourquoi renvoyer à la semaine prochaine ou au mois suivant de chercher dans votre demeure toutes les choses qui vous sont inutiles, pour les distribuer? Vous ne l'avez pas fait dans le passé, pourquoi vous tromper vous-même en croyant que vous le ferez dans l'avenir? C'est à mesure que ces objets vous devenaient inutiles que vous auriez dû vous en défaire.

Combien de personnes, qui ne sont cependant pas avares, entassent dans leur grenier, par insouciance ou ignorance des besoins d'autrui, des objets qui pourraient faire le bonheur de tel pauvre garçon ou de telle pauvre jeune fille!

Si tel est votre cas, montez aujourd'hui dans votre grenier, visitez vos malles, et voyez aussi, dans votre intérieur, si vous ne trouvez pas des choses dont vous pourriez vous passer facilement, et qui apporteraient un peu de confort et de bonheur à d'autres moins fortunés que vous.

Passez en revue vos vêtements, et mettez de côté tous ceux que vous ne porterez plus et qui constitueraient une vraie garde-robe pour quelque pauvre jeune fille sans emploi, ou chargée de parents qu'elle doit entretenir, et qui ne peut acheter l'étoffe nécessaire pour se vêtir convenablement. Ne gardez pas ces habits jusqu'à ce qu'ils deviennent inutilisables, sous le fallacieux prétexte que vous pourriez vous en servir plus tard. Utilisez-les aujourd'hui, et faites-en des messagers de votre bienveillance et de votre amour pour les autres.

Ne soyez pas égoïste, au moins en ce qui concerne les choses dont vous pouvez vous passer. Vous augmenterez votre bonheur et votre satisfaction en les donnant, beaucoup plus qu'en les conservant en vue d'une éventualité qui ne se produira peut-être jamais. Si vous n'êtes pas aussi bon que vous devriez l'être, donner ouvrira votre cœur et adoucira votre caractère, en développant votre générosité.

Il y a, sans doute, dans votre bibliothèque, des livres que vous n'avez pas touchés depuis des années, et que vous ne lirez pas de longtemps; ces livres seraient d'une valeur inestimable pour des jeunes gens qui essayent de s'instruire eux-mêmes, au milieu de grandes difficultés. Donnez-les aujourd'hui. Plus vous donnerez, plus vous vous enrichirez, et plus vous serez heureux. L'avarice étrangle le bonheur; l'habitude de donner le multiplie.

Une personne cultivée, et de goûts raffinés, me racontait dernièrement les luttes qu'elle avait dû soutenir pour s'accorder une éducation musicale. Elle était si pauvre que pendant longtemps elle ne put s'accorder le luxe de louer un instrument; elle étudiait plusieurs heures par jour sur un clavier de piano qu'elle avait tracé elle-même sur une feuille de papier brun.

Tandis qu'elle luttait ainsi, elle fut invitée à dîner dans une famille fortunée. Après le dîner, son hôtesse lui fit parcourir toute la maison, de la cave au grenier.

«Et, dans une mansarde, me raconta-t-elle, je vis un vieux piano pour lequel j'aurais donné tout au monde. J'aurais volontiers franchi de grandes distances chaque jour pour avoir le privilège de m'en servir. Rien ne me fit envie du somptueux mobilier, des belles peintures et de tous les objets de luxe répandus à profusion dans la maison. Mais ce vieux piano inutilisé dans la mansarde, me hantait. Il m'aurait ouvert la porte du paradis, mais je n'osai le demander.»

Personne n'est si pauvre qu'il ne puisse chaque jour donner quelque chose pour enrichir un autre. Celui qui retient tout est semblable à l'homme qui disait: «Je préserverai mon grain des souris et des oiseaux, et ni la terre ni le moulin ne l'auront. Qu'ils sont fous ceux qui le répandent à pleines mains sur le sol!»

Donnez! donnez! donnez *maintenant, aujourd'hui*! Aidez-vous vous-même à devenir plus large, plus heureux, plus humain, à mesure que les années passent.

Plus d'un diffère son bonheur jusqu'au moment où il sera devenu riche. Alors, il constate avec surprise que sa manne s'est corrompue, et qu'il aurait dû la manger lorsqu'il l'a récoltée. *Le bonheur différé et les bonnes actions renvoyées ne se retrouvent pas.*

Chacun devrait, avant de se mettre en route, prendre l'engagement tacite avec lui-même que, quoi que ce soit qui lui arrive ou ne lui arrive pas, qu'il soit heureux ou malheureux dans ses entreprises, il aura sa part de bonheur chaque jour, et ne permettra à rien au monde de lui dérober la joie que chacun peut éprouver au jour le jour.

Souvenez-vous que *hier* est mort, et que *demain* n'est pas encore né. Le seul moment qui vous appartienne est le moment présent. On peut comparer les soixante minutes de l'heure à des fleurs qui vivent chacune soixante secondes et meurent. Si nous savons découvrir ce que chaque moment apporte de bon, nous jouirons de chaque minute qui passe pendant qu'elle nous appartient. C'est la vrai manière de vivre dans le moment présent.

CHAPITRE II
L'art de vivre

Celui qui est son propre roi jouit de se gouverner lui-même, et n'envie rien aux monarques de la terre.

Sir Thomas BROWN

N'est-il pas étrange que nous, qui devrions pratiquer avec succès l'art de vivre, nous ne soyons pas même, au moins la plupart d'entre nous, des dilettantes dans cet art qui est cependant le premier des arts? Nous n'apprenons jamais à bien vivre. Nous devenons des spécialistes dans notre profession ou nos affaires, mais dans l'art de vivre, duquel dépend cependant notre bonheur ou notre malheur, nous ne devenons jamais experts. Nous ne savons presque rien de l'organisme humain, qui renferme le secret de notre succès et de notre bonheur. Nous lui accordons beaucoup moins d'attention qu'au mécanisme de notre profession.

L'organisme humain est le seul médium par lequel l'âme et l'esprit communiquent avec le monde matériel, et ce merveilleux mécanisme, ce temple magnifique, devrait être maintenu dans les meilleures conditions, car tout ce qui lui nuit, nuit à l'expression de l'âme.

Le système d'éducation qui règne actuellement nous apprend tout, excepté ce qui nous serait le plus nécessaire: l'art de vivre. Les écoles et les collèges nous enseignent une quantité de choses qui ne nous serviront jamais directement dans la vie pratique, mais ils effleurent à peine l'étude de notre merveilleux organisme humain, et plus d'un gradué d'université peut à peine décrire la situation et les fonctions des organes vitaux dont dépendent notre vie et notre bien-être. Très fort en langues anciennes, en histoire, en philosophie, en sociologie, il sait très peu de choses sur ce qui lui est cependant plus important à connaître que toutes les sciences du monde, son propre organisme et la manière de le traiter.

L'art de vivre est plus important que toute autre chose, et cependant l'homme traverse la vie ignorant de la structure de son corps, qui est bien plus délicat et réclame des soins bien plus attentifs que la plus délicate des machines.

Que penseriez-vous d'un homme qui achèterait la meilleure et la plus compliquée des automobiles du monde, et qui la confierait à un individu n'ayant aucune notion de sa construction, afin qu'il lui serve de chauffeur dans un grand voyage qu'il entreprendrait avec toute sa famille?

Pour qu'un chauffeur devienne expérimenté, il faut qu'il apprenne à démonter l'automobile, à en connaître toutes les parties et leur fonctionnement, car de précieuses vies dépendront de son savoir, de son habileté et de son expérience.

Mais que connaissent la majorité des gens de cette merveilleuse machine humaine, si admirablement ajustée, que chacune des innombrables cellules qui la composent est modifiée par chaque pensée ou chaque mouvement de l'esprit?

Un professionnel de la vie ne compromettrait pas le fonctionnement journalier de la machine humaine, comme la plupart d'entre nous le font, en mangeant trop ou pas assez, ou en n'ayant pas de régularité dans sa manière de vivre. Il ne voudrait pas se rendre malade pendant des jours en maltraitant les délicates cellules nerveuses de son cerveau, en se livrant à la colère, à la haine, à la jalousie, à la crainte ou au souci. Il protégerait, au contraire, cet organisme sensible et délicat contre la multitude de ses ennemis physiques ou mentaux.

Quel dommage que la plupart des humains ne connaissent pas la science qui leur apprendrait à faire mouvoir la machine humaine avec le moins de frottements possible, le secret de faire concourir l'environnement à son bien, de transformer en matériaux de vie toutes les circonstances de l'existence, tout comme Michel-Ange faisait concourir toutes ses expériences à la réalisation de ses chefs-d'œuvre.

La meilleure des locomotives est capable de transformer en force impulsive environ le 20 % de l'énergie contenue dans le charbon qui la chauffe, tandis que la machine humaine, dans son meilleur état, n'est pas encore capable de transformer en force impulsive le plus faible pourcentage de l'énergie ou de l'intelligence humaines.

Sous une direction scientifique, la machine humaine deviendrait capable de produire des forces merveilleuses, de l'harmonie, un perpétuel bonheur. Mais qui a jamais entendu parler d'un *maître* expert dans l'art de vivre? Nous maltraitons si bien notre organisme, qu'il est, la plupart du temps, incapable de produire le minimum de ce qu'il pourrait donner. Bien des hommes, passés maîtres dans le gouvernement de leurs affaires, font de leur vie un véritable fiasco.

Combien peu de personnes sont véritablement heureuses! Cependant, chaque être humain essaye d'atteindre le bonheur après lequel il soupire, mais il ne réussit qu'à produire le désaccord au lieu de l'harmonie, parce que son organisme est détraqué, et qu'il ne sait comment rétablir l'ordre, ou parce qu'il ne veut pas payer le prix que réclame l'effort scientifique, persévérant, qui le rendrait expert dans l'art de diriger la machine humaine.

Que de peines nous endurons, quelles humiliations, quel embarras, simplement parce que les rouages de notre machine ne sont pas ajustés scientifiquement!

Pensez à la somme de souffrances que nous procurent nos nerfs fatigués, dont nous avons abusé, et qui empêchent notre organisme de fonctionner sans frottements, détruisant ainsi l'harmonie de notre être. Nous n'avions pas l'intention de faire de la peine à ceux que nous aimons en étant irritables, impatients; nous ne voulions pas détruire la paix de notre foyer par notre humeur désagréable. Nous ne désirions pas insulter nos employés, comme nous l'avons fait dans notre irritation, mais tout ceci est arrivé parce que notre machine n'était pas en ordre. Les cellules du cerveau et des nerfs étaient empoisonnées par la fatigue, par les débris résultant de la fatigue du jour précédent. Notre délicat système nerveux a produit la discorde, alors qu'il est fait pour produire l'harmonie, simplement parce qu'il ne pouvait fonctionner doucement, n'ayant pas été rafraîchi et renouvelé par une bonne nuit de repos. L'inquiétude, le souci, une nourriture trop copieuse, l'abus des stimulants, la dissipation, la violation de quelque loi naturelle, sont les auteurs responsables de tout ceci.

Il n'y a rien de plus humiliant, pour un homme, que de perdre ainsi tout contrôle sur lui-même, de constater que sa machine s'emballe et cause toutes espèces de dommages, sans que lui, le chauffeur, puisse l'arrêter.

Une des choses les plus humiliantes est le triste spectacle qu'offre celui qui, par la colère, a perdu tout empire sur lui-même. Lorsqu'il ne peut plus commander à son cerveau, il révèle la brute qui est en lui; il expose à tous les regards les vilains traits de son caractère, ceux qu'il cache soigneusement à ses amis. Tout vient à la lumière, et s'offre à la critique de ceux dont il recherche l'estime.

Vous qui dites que vous ne pouvez maîtriser votre tempérament, que l'explosion se produit avant que vous ayez eu le temps d'y penser, avez-vous jamais réfléchi que votre cerveau n'est pas *vous*, qu'il est absolument sous votre contrôle, que la grande machine humaine est soumise à l'esprit, que vous pouvez surveiller chacune de vos pensées, et rester maître de chacune de vos émotions par une éducation appropriée, de telle sorte que votre machine ne s'emballe jamais? Vous êtes l'être qui dirige le cerveau.

Avez-vous jamais réfléchi que, devant certaines personnes, vous n'oseriez pas vous mettre en colère, quelque grande que soit la provocation? Tout homme connaît quelque femme ou a quelque ami devant lesquels il ne voudrait pour rien au monde perdre la maîtrise de lui-même. Et ce même homme ne se gênera pas de se fâcher devant un employé qu'il considère comme un rouage, et auquel il ne se sent pas astreint de témoigner du respect ou de la considération. Ceci ne prouve-t-il pas que nous pouvons nous maîtriser beaucoup plus que nous ne le croyons possible? Les personnes les plus colériques ne montrent aucune impatience, quelque envie qu'elles en aient, lorsqu'elles assistent à une réception ou à un dîner. Elles n'en auraient pas même l'idée. Si nous respections, comme nous le devrions, tous ceux avec qui nous vivons, même les êtres les plus humbles, nous n'aurions plus aucune peine à nous dominer.

La majorité des gens gardent dans leur esprit et dans leur cœur des rancunes, des antipathies, des jalousies qui, pour n'être pas toujours manifestées extérieurement, n'en empoisonnent pas moins leur vie intérieure.

Pensez à la révolution qui s'accomplirait dans nos vies, si seulement nous prenions garde au son de notre voix! Vous pouvez dire à un chien des mots agréables avec un ton qui l'effrayera ou le rendra malheureux pendant des heures. D'autre part, vous pouvez lui dire des injures d'une voix douce qui lui fera remuer la queue en signe de contentement.

Notre langage et nos manières font le bonheur ou le malheur de ceux qui nous entourent. Jetez un os à un chien, il s'en emparera et se sauvera en l'emportant, la queue entre les jambes, sans manifester la moindre gratitude; mais appelez-le gentiment et laissez-lui prendre l'os dans votre main, en lui parlant d'une voix douce, et il vous manifestera de la reconnaissance.

Bien des frottements, dans la vie, sont dus à notre ton. Notre voix exprime nos sentiments, notre attitude envers les autres. Une voix discordante est fatigante. Le simple fait de baisser la voix lorsque vous sentez que la colère fait courir le sang dans vos veines, calmera votre emportement. Nous savons comment des enfants colériques peuvent arriver à un état de rage indescriptible en se mettant à crier quand tout ne va pas comme ils l'entendent. Plus ils crient, plus ils s'excitent, jusqu'à ce qu'ils provoquent parfois une violente crise de nerfs. Leur ton fâché excite leur colère, tandis que s'ils adoucissaient leur voix, leur emportement cesserait.

Que de malheurs pourraient être évités au foyer, si tous les membres de la famille pouvaient prendre la résolution de ne jamais élever la voix, si les maris, enclins à trouver leur femme en faute, savaient retrouver la douce voix avec laquelle ils lui parlaient lorsqu'ils désiraient obtenir leur main, s'ils adoptaient une fois mariés, les même procédés dont ils usaient pendant le temps de leurs fiançailles!

Le ton sarcastique, tranchant, hargneux, discordant de la voix est, dans une grande mesure, responsable du malheur, non seulement au foyer, mais aussi dans le monde des affaires et dans la société en général.

Les natures faibles, qui s'impatientent et se laissent désarçonner par des choses sans importance, montrent qu'elles sont incapables de dominer la situation et de maintenir l'harmonie. Leurs manières irritées indiquent qu'elles manquent d'harmonie intérieure, et ne peuvent par conséquent pas être en harmonie avec leur entourage: elles sont les victimes de leur humeur; elles en souffrent, et font souffrir les autres. Les personnes qui perdent facilement leur égalité d'humeur, qui se mettent en colère à la moindre provocation, ne se rendent pas compte qu'en agissant ainsi, elles influent d'une façon néfaste sur la délicate structure de leur cerveau, et qu'elles deviendront bientôt incapables de se maîtriser, qu'elles perdront tout empire sur elles-mêmes, au point de faire explosion automatiquement.

Il n'y a pas de spectacle plus humiliant que l'exhibition des sentiments vils, méprisables et brutaux d'un homme en colère. Dans un semblable moment, la Raison est enchaînée, la Sagesse cache sa tête, honteuse, le Bon Sens et le Jugement descendent du trône, la bête s'installe à leur place, et l'Anarchie règne dans le royaume mental.

Lorsque vous vous êtes ainsi livré à la colère, vous sentez que quelque chose de précieux a été détruit dans votre vie. Votre propre estime, votre dignité ressortent amoindris de la conflagration.

On plaça un jour, devant un enfant livré à un accès de rage, un miroir dans lequel il vit son visage; il fut si honteux et si peiné du spectacle qui lui était offert, qu'il cessa de crier. Si les adultes pouvaient aussi se voir lorsque la colère les emporte, s'ils pouvaient constater les ravages qui se font à l'intérieur de leur cerveau et dans leur système nerveux, s'ils se rendaient compte de l'expression de leur yeux, ils ne pourraient pas supporter cette vue.

La conscience de votre responsabilité dans la direction de votre corps peut vous aider puissamment à vous maîtriser.

Nul ne peut être vraiment heureux avant d'être maître de son humeur, avant d'avoir appris à gouverner sa machine, à l'entretenir, mentalement et physiquement, dans de bonnes conditions. Tout dépend de cela.

Sans doute, une machine compliquée peut faire des choses remarquables, même lorsqu'elle n'est pas tenue en parfait état; mais cette même machine ferait des merveilles et durerait bien plus longtemps, si elle était bien soignée et bien entretenue.

Une montre ne prouve pas sa bienfacture par un excellent balancier ou par un bon ressort. Sa perfection ne dépend pas de l'une quelconque de ses parties, mais elle est le résultat de l'accord parfait qui règne entre toutes, de l'ajustement et des rapports exacts établis entre ses roues, leurs supports, les ressorts, etc. Une montre qui serait parfaite, à l'exception d'une de ses plus petites roues, ne servirait à rien, et tout l'ouvrage du fabricant serait annulé. Non seulement, chacune de ses parties doit être parfaitement établie, mais toutes ensemble doivent former un tout parfait.

La santé est au corps ce que la bienfacture est à la montre. Elle consiste dans l'harmonieuse relation entre toutes les parties du corps; la plus légère imperfection, dans n'importe quel organe, jette le trouble dans tout l'organisme. Des poumons bien développés, des muscles solides, un foie en bon état, ne constituent pas nécessairement la santé. Une santé parfaite est le résultat de l'harmonie entre tous les organes du corps.

De même, la santé morale résulte de l'harmonie entre toutes les facultés morales. La force et le bonheur proviennent du développement harmonieux et symétrique de la machine humaine, ainsi que de la maîtrise exercée sur elle.

CHAPITRE III
La chasse au bonheur

L'homme a été créé pour être heureux. L'amour de la plaisanterie, de l'amusement, des joies qui durent, est très fort en tout homme normal.

Si l'on demandait à chacun ce qu'il désire le plus ardemment, la réponse certaine serait: la santé, la fortune et le bonheur. Et si chaque être humain devait exprimer son vœu le plus cher, ce serait sans contredit le bonheur.

Tout homme recherche le bonheur, sans même qu'il s'en doute. Tous, nous cherchons à améliorer nos conditions de vie, à rendre notre existence plus agréable. Tous, nous cherchons à échapper au travail trop dur, à la vie trop laborieuse et trop difficile.

Et cependant, quoique le genre humain soit parti à la chasse du bonheur, dès les commencements de l'histoire, combien peu l'ont trouvé, ou ont seulement l'idée de ce qu'il est!

Qu'il ne soit pas où on le cherche, c'est l'expérience de tous ceux qui se sont mis à sa poursuite. Ce n'est pas ainsi qu'on peut l'atteindre. Il est le produit d'une action continue, et non le résultat d'une chasse à courre.

Le vrai bonheur est si simple que la majorité des gens ne le reconnaissent pas. Il dérive de la chose la plus simple, la plus paisible, la moins prétentieuse du monde.

Le bonheur ne peut cohabiter avec l'égoïsme, la paresse et la discorde. Il est l'ami de l'harmonie, de la vérité, de la beauté, de l'affection, de la simplicité.

Des multitudes d'hommes ont fait fortune, mais ont perdu la faculté de jouir du fruit de leurs efforts. Combien souvent nous entendons faire cette remarque: «Il a de l'argent, mais il ne sait pas en jouir.»

«Quelques personnes se donnent beaucoup de peine pour arriver au bonheur, et leurs efforts échouent misérablement. Le bonheur est toujours où on ne le cherche pas.»

Celui qui recherche égoïstement le bonheur ne goûtera jamais la satisfaction intime qui provient d'une bonne action. Le bonheur fuit toujours le chercheur égoïste, car l'égoïsme et le bonheur ne peuvent vivre ensemble.

Ceux qui savent le mieux s'oublier eux-mêmes sont ceux qui savent le mieux apprécier les joies de la vie. L'habitude de découvrir le bon côté de chaque situation aide merveilleusement à trouver le bonheur. Mais beaucoup de gens sont incapables de goûter le vrai bonheur, parce qu'ils ne font cas que de ce qui contribue à leur propre confort, à leurs plaisirs ou à la satisfaction de leurs besoins.

Les personnes qui pensent toujours à elles-mêmes, qui essayent constamment de trouver ce qui pourra les rendre heureuses ou contribuer à la réalisation de leurs désirs égoïstes, sont toujours désappointées. Le bonheur est né frère jumeau du bonheur d'autrui, et c'est seulement celui qui cherche le bonheur, le bien-être, la satisfaction d'un autre, qui trouve son propre bonheur.

Celui qui s'imagine trouver le bonheur en consacrant les meilleures années de sa vie à gagner de l'argent, tout en sacrifiant son foyer, ses amitiés, son propre perfectionnement, et tout ce qui a réellement de la valeur, se prépare de cruelles désillusions.

Lorsqu'un homme a transformé son habileté, ses énergies en pièces d'or, lorsqu'il a négligé de cultiver les facultés qui seules l'auraient rendu capable d'apprécier le vrai bonheur, il ne peut plus faire revivre les cellules de son cerveau qu'il a laissées s'atrophier. Il ne peut plus s'affranchir des habitudes de toute une vie, même lorsqu'il s'est retiré des affaires.

Si vous n'avez pas conservé votre faculté d'apprécier tout ce qui est beau, bon et vrai, vous découvrirez avec surprise que vous l'avez perdue, tout comme Darwin fut surpris, dans l'âge mûr, de découvrir qu'il avait perdu la faculté d'apprécier Shakespeare et la musique.

Beaucoup d'hommes poursuivent les moyens de jouir, au prix de la faculté de jouir. Ils tuent leur capacité d'apprécier le bonheur, tout en cherchant les moyens de se le procurer. Le criminel lui-même s'imagine que son crime améliorera sa condition, que le vol l'enrichira, ou qu'il sera plus heureux lorsqu'il se sera débarrassé de l'ennemi qui lui barre la route du bonheur.

Aucun homme ne peut être heureux lorsqu'il est forcé de mépriser ses propres actions, quand il a la conscience du tort qu'il fait, soit en intention, soit en actes. Aucun homme ne peut être heureux quand il entretient des pensées de vengeance, de jalousie, d'envie ou de haine. Il faut avoir une conscience nette et un cœur pur pour être heureux. Lorsqu'on a le sentiment d'avoir bien agi, on peut être heureux même dans les circonstances les plus adverses. Si on ne l'a pas, on peut être misérable dans les conditions d'existence les plus favorables.

Fouquier-Tinville, l'accusateur qui, sous le règne de la Terreur, faisait partie du Comité révolutionnaire en France, se vantait d'éprouver un grand plaisir à surveiller l'exécution des braves, des jeunes, des nobles, des vieillards. On raconte que l'acquittement d'un prisonnier rendait Fouquier-Tinville très malheureux, et sa condamnation très heureux. Il trouvait un soulagment à ses fatigues en surveillant ces exécutions. «Ce spectacle, disait-il, me fait plaisir.»

Un homme peut trouver son plaisir dans ce qui l'avilit, et le rend honteux et dégoûté de lui-même le lendemain. Un autre trouve le sien à aider les malheureux.

«Quelle belle journée nous avons passée!» ou «Quelle journée agréable nous avons eue!» Voilà les remarques que l'on entend souvent de personnes qui reviennent d'une partie de plaisir. Des gens de toutes sortes poussent ces exclamations, mais cela ne signifie pas grand'chose, car elles n'indiquent pas le genre de plaisir qui a été goûté.

Nous ne nous rendons pas toujours compte des mobiles qui nous font agir, mais tous nous cherchons à nous procurer un peu plus de confort, une position un peu meilleure, un peu plus de bonheur.

Le vrai bonheur, toutefois, ne consiste pas dans l'excitation du système nerveux. Il ne provient pas du manger, du boire de la vue ou de l'ouïe. Il ne consiste pas dans la satisfaction des désirs, ou dans la possession. Le vrai bonheur naît d'un noble effort, d'une vie utile. On le trouve un peu ici, un peu là, dans un mot aimable, une action généreuse, une aide bienveillante. Nous le goûtons dans toute pensée juste, dans toute parole aimable et dans toute action bonne; on ne peut le trouver ailleurs. Comme on l'a dit, le bonheur est une mosaïque composée de très petites pierres. Chacune d'elles prise séparément a peu de valeur, mais, réunies, elles forment un précieux joyau.

Souvenez-vous, vous qui vous lancez à la chasse du bonheur, que, où que ce soit que vous alliez le chercher, vous ne trouverez que celui que vous portez en vous. Votre bonheur ne sera jamais en dehors de vous-même, et c'est vous qui en fixerez les limites. Elles dépendent de votre capacité de jouir.

«Nous ne trouverons rien dans le monde que nous ne trouvions d'abord en nous-mêmes.» Le bonheur est la plus haute expression de ce qu'il y a de meilleur en nous. Il est l'enfant de l'effort honnête.

En dépit de la philosophie de la Bible, qui nous enseigne que le royaume des cieux est *au-dedans* de nous, la grande majorité des hommes ont toujours cherché ce royaume en dehors d'eux-mêmes. Ils emploient leur vie à essayer de le trouver dans les choses matérielles, dans la fortune, la propriété, la nourriture, la boisson, dans le vêtement et les plaisirs. En d'autres termes, ils essayent de saisir le royaume des cieux avec leurs cinq sens, qui excitent leurs nerfs; c'est-à-dire qu'ils recherchent un *Dieu extérieur*. Partout nous rencontrons des gens qui flattent les forts, méprisent les faibles, et essayent de recevoir des autres ce qu'ils jugent nécessaire à leur bonheur.

Le malheur est que nous cherchons le bonheur dans les choses qui passent, dans la satisfaction de nos désirs, dans les plaisirs matériels. Le bonheur consiste à donner, à agir, et non à recevoir, à accaparer.

Accumuler ne vous rendra jamais heureux. Ce que l'homme est, et non ce qu'il possède, voilà ce qui le rend heureux ou misérable.

Le cœur humain est toujours altéré. S'il a soif de recevoir, il est malheureux; s'il a soif de donner, il est heureux. Le vrai bonheur a toujours la saveur d'une souffrance vaincue.

Le bonheur est la récompense des services rendus aux autres, de l'effort héroïque que nous faisons pour essayer de faire notre part dans ce monde, de remplir notre devoir. Il faut que nous ayons la volonté d'aider, de rendre ce monde un peu meilleur par nos efforts. De petites attentions, des paroles aimables, de légers services rendus en passant, des devoirs fidèlement remplis, du dévouement, de l'amitié, de l'amour témoignés, tout cela paraît peu de chose, et cependant c'est ce qui nous conduit au bonheur.

En dehors de toutes nos différences de races ou de religions, il y a une unité d'origine et de vie qui, si nous en étions conscients, ferait disparaître toutes ces différences. Nous comprendrions que nous sommes tous enfants du même Dieu, que nous avons tous la même origine, et nous pratiquerions la fraternité universelle.

«J'en suis venu à considérer la vie, dit William Dean Howells, non comme la poursuite d'un bonheur personnel impossible, mais comme un désir ardent de poursuivre le bonheur de la famille humaine tout entière. Il n'y a pas d'autre manière d'atteindre le bonheur.»

CHAPITRE IV
Apprenons aux jeunes à avoir une vie ensoleillée

Si cela m'était possible, je voudrais imiter le philosophe qui fit suspendre dans les salles d'école des peintures représentant la Gaîté et la Joie, Flore et les Grâces.

MONTAIGNE

Parvenu à un âge avancé, Olivier Wendell Holmes se déclarait redevable et reconnaissant envers la bonne de son enfance, qui lui avait enseigné à ne prêter aucune attention aux incidents déplaisants. S'il se tordait le pied, s'il écorchait son genou ou son nez, elle ne lui permettait jamais de s'appesantir sur la douleur momentanée, mais attirait son attention sur quelque objet agréable, ou lui racontait une belle histoire. C'est à elle, disait-il, qu'il était redevable de sa vie longue, heureuse et ensoleillée. Cette leçon peut être aisément apprise dans le jeune âge, difficilement dans l'âge mûr, et rarement, pour ne pas dire jamais, dans la vieillesse.

«Quand j'étais enfant, dit un autre auteur, on me consolait, lorsque je me coupais le doigt, en me faisant observer combien il était heureux que je ne me fusse pas cassé le bras, et lorsqu'un corps étranger entrait dans mon œil, on me faisait comprendre combien j'étais plus heureux que mon cousin qui avait perdu un de ses yeux par accident.»

«Je ne peux m'empêcher de croire, dit John Lubbock, que le monde serait meilleur et plus agréable si nos instituteurs insistaient autant sur le devoir du bonheur que sur le bonheur du devoir.»

Dans l'avenir, l'enfant apprendra comment il peut neutraliser tous les ennemis de son bonheur tels que la crainte, le souci, l'anxiété, la jalousie, l'envie, l'égoïsme. Il saura que rien ne peut transformer un aimable caractère en un caractère hargneux, un caractère doux en un caractère acerbe comme l'habitude de garder des pensées de haine, de vengeance et d'envie, et qu'on ne peut développer une disposition bienveillante en conservant des sentiments qui ne sont pas charitables.

Les instituteurs de l'avenir sauront comment enseigner la science et l'éducation du cerveau; comment prévenir et remédier à la faiblesse, aux singularités, aux idiosyncrasies; comment neutraliser les ennemis du succès et du bonheur, comment fortifier la faiblesse et éliminer les obstacles qui, aujourd'hui, entravent tant de vies.

J'ai appris que le Dr Paul Valentine a institué une école de bonheur à Londres. Il n'y a certainement rien de plus nécessaire que d'enseigner, spécialement aux jeunes, l'art du bonheur, cet art que tout être humain essaye de pratiquer, sans y parvenir!

Si nous étions, à cet égard éduqués dès l'enfance comme nous le devrions, il nous serait aussi facile d'être heureux qu'il nous est facile maintenant d'être malheureux.

Il est aussi simple d'habituer un enfant à croire au bonheur, de lui enseigner à regarder le bon côté des choses, qu'il l'est de lui en faire considérer le mauvais.

Le temps viendra où l'enfant sera habitué, dès le berceau, à croire au bonheur. On lui enseignera que le bonheur lui est aussi naturel que la respiration, qu'il ne doit pas le considérer comme une chose possible, mais comme une chose indispensable, puisque de lui dépend tout son bien-être. On lui fera comprendre que son énergie, son succès, sa longévité, son influence, son pouvoir, dépendent dans une large mesure de son bonheur, de son harmonie intérieure.

Les parents de l'avenir apprendront à développer symétriquement le cerveau de leurs enfants, en développant les facultés faibles, de telle sorte que leur intelligence sera bien équilibrée et pourra les conduire au bonheur.

Notre premier devoir envers l'enfant est de lui enseigner à exprimer sa gaîté et sa joie innées, avec la même liberté et le même abandon que met le pinson à égayer les prairies par son joyeux chant. Supprimer la gaîté et l'amour du jeu chez un enfant, c'est du même coup supprimer ses facultés mentales et morales. La joie disparaît du cœur d'un enfant lorsqu'il est constamment comprimé. Les mères qui empêchent leurs enfants de faire ceci ou cela, qui leur recommandent sans cesse de ne pas rire, de ne pas faire de bruit, jusqu'à ce qu'ils aient perdu leur naturel et soient devenus de petits vieux, ne savent pas le mal qu'elles font.

Les enfants ne devraient rien connaître des soins anxieux, des pensées soucieuses et de l'humeur sombre. Leur vie devrait être constamment joyeuse, gaie, bruyante, ensoleillée, heureuse. Il faudrait les encourager à rire, à jouer, à courir au contentement de leur cœur. Le côté sérieux de la vie ne les atteindra que trop vite; faisons tout notre possible pour prolonger leur enfance. Nous rencontrons partout de ces visages mélancoliques, sans aucune trace de joie ou de gaîté. Une enfance sans joie amène une vieillesse prématurée. Ce sont les souvenirs de la jeunesse, la joie et la gaîté conservées à travers les années d'activité, qui rendent la vieillesse agréable.

Un auteur célèbre a écrit: «Les enfants sans gaîté ne donneront jamais grand'chose. Les arbres sans fleurs ne donneront jamais de fruits.»

Le jeu est aussi nécessaire au développement de l'enfant que le soleil au développement de la plante. Les enfants qui ne peuvent s'épanouir, ou ne peuvent le faire qu'imparfaitement, ne seront jamais des êtres complets.

La nécessité du jeu pour le développement de l'enfant, dès son jeune âge, se retrouve dans la force de l'instinct qui pousse à jouer tous les jeunes du règne animal.

Une heureuse enfance est la préparation nécessaire à une heureuse maturité. Les dispositions, la tournure de l'esprit, les tendances de toute la vie se fixent dans l'enfance. L'habitude de la gaîté, prise dès le jeune âge, a une puissante influence sur l'homme mûr et sur toute sa carrière.

L'enfant qui a été élevé de manière à être heureux, à qui on a permis la libre expansion de l'enjouement de sa nature, n'aura jamais une prédisposition à la mélancolie. La mentalité morbide que nous rencontrons partout est due à une enfance comprimée.

Le fait que l'instinct du jeu, l'amour de la plaisanterie, sont si impérieux chez l'enfant, montre que c'est une nécessité de sa nature, et si on la supprime en l'étouffant, il s'en ressentira toute sa vie.

Une enfance joyeuse, heureuse, ensoleillée est à l'individu ce qu'un sol riche et ensoleillé est à la jeune plante. Si les conditions ne sont pas favorables à sa première croissance, la plante végète, s'atrophie et ne peut plus être redressée plus tard. Pour les plantes, comme pour les hommes, c'est dans leur jeunesse qu'il faut s'en occuper. Une enfance comprimée ne produira qu'un nain moral, sinon physique. Un entourage joyeux, heureux, gai, développe les énergies, les ressources cachées qui resteraient à l'état latent dans une atmosphère réfrigérante et sombre.

Partout, nous rencontrons des hommes et des femmes mécontents et malheureux, uniquement parce que leur jeunesse a manqué de gaîté et de soleil. Lorsque l'argile est séchée, elle ne peut plus prendre de nouvelles formes.

Peut-on rien voir de plus anormal, sur notre belle terre, qu'un enfant soucieux, triste, une fleur humaine fanée avant qu'elle ait eu le temps d'ouvrir tous ses pétales, et de répandre son parfum et l'éclat de sa beauté?

Quelqu'un a péché et est responsable de cet état de choses, de ces énergies étouffées, de ces promesses de développement avortées.

L'enfance devrait être ensoleillée. Les nuages n'ont rien à faire avec l'enfance. La joie, la beauté, l'exubérance, l'enthousiasme, l'élan, appartiennent à l'enfance. Un enfant triste, soucieux, un enfant sans enfance est une anomalie.

Laissez les enfants donner essor à la gaîté de leur nature, et ils deviendront des hommes et des femmes utiles. La spontanéité, l'élan, l'expansion de la force animale, sont de grande valeur en éducation. Les enfants que l'on encourage dans cette expansion seront bien mieux armés pour la lutte de la vie. Ils réussiront mieux, et auront une meilleure influence dans ce monde, que ceux qui auront été comprimés.

Beaucoup de personnes pensent qu'elles doivent réprimer leur amour de la gaîté et de la bonne plaisanterie. Elles croient qu'elles se feront estimer en étant calmes, dignes, correctes, et que si elles lâchaient un peu la bride à leur joyeuse nature, on les traiterait de personnes légères et frivoles. Nous avons tous connu de ces gens qui traversent la vie, pour ainsi dire la main sur la bouche, comme s'ils craignaient de rire ou de dire quelque chose de plaisant.

Oh! quelle satisfaction de commencer de bonne heure à développer les facultés de l'âme, du cœur, de l'œil et de l'oreille: de développer les meilleurs sentiments, et la précieuse faculté de l'observation.

Ceux qui sont élevés ainsi pourront mettre de la poésie dans la vie la plus prosaïque, faire entrer le soleil dans le foyer le plus sombre, et répandre de la beauté et de la grâce dans le milieu le plus terne.

Il n'y a presque pas de limites à l'enrichissement, à l'ennoblissement et à l'embellissement de la personnalité par la libre expansion de la gaîté juvénile.

Si l'on enseignait la philosophie de la joie à tous les enfants, il y aurait comparativement bien moins de malheur, de maladie ou de crimes. Nous estimons nécessaire de développer l'intelligence en vue des affaires, mais nous oublions de développer la faculté de l'optimisme et de la gaîté.

Cependant, rien n'est plus nécessaire à l'enfant que d'acquérir l'habitude de la gaîté. On devrait la considérer comme une préparation essentielle à la vie, et ne rien négliger de ce qui peut la développer.

CHAPITRE V
Les richesses et le bonheur

> Chaque être semble capable de posséder une certaine quantité de bonheur qu'aucune institution ne peut augmenter, aucune circonstance altérer, et qui est entièrement indépendante de la fortune. Qu'un homme compare sa fortune présente avec le passé, et il trouvera probablement qu'après tout, il n'est ni meilleur ni pire qu'autrefois.
>
> GOLDSMITH

La jeunesse devrait être éduquée de manière à pouvoir dire à un homme qui posséderait des millions, mais pas grand'chose d'autre: «J'ai pris la résolution d'enrichir ma vie et non de faire fortune. Si quelqu'un peut tirer de la vie encore plus que moi, il aura raison de le faire.»

Quel malheur ce serait pour le monde si la richesse pouvait procurer le bonheur, comme beaucoup de gens se l'imaginent! Si la fortune était l'essentiel, s'il suffisait à un homme d'être riche pour être heureux, les gens riches seraient toujours heureux, et les gens pauvres toujours malheureux.

Mais les richesses seules ne peuvent faire le bonheur. Pour que l'argent contribue au bonheur, il faut qu'il serve à l'enrichissement de la nature supérieure de l'homme, au développement de tout ce qu'il y a de bon en lui ou dans les autres, et non qu'il tende à développer ses instincts les moins nobles. La fortune, dans les mains d'ignorants, de gens aux goûts grossiers et aux instincts vils, ne contribue pas au vrai bonheur. Nul ne peut être vraiment heureux s'il n'a pas un haut idéal et un noble but devant les yeux.

Beaucoup de personnes s'illusionnent en s'imaginant que le bonheur consiste dans la satisfaction des désirs. Elles ne réalisent pas que «le désir est insatiable comme l'océan et réclame toujours plus, à mesure que ses demandes lui sont accordées». «Rien n'est insatiable comme la richesse», disait un philosophe romain.

La satisfaction de nos désirs égoïstes ne réussit qu'à accroître les appétits de notre être. Les principes seuls peuvent procurer un bonheur permanent; les choses matérielles sont changeantes et décevantes. Un des plus grands désappointements qu'éprouvent bien des gens riches est de n'avoir pu acquérir le bonheur avec leur argent. Ceux qui cherchent le bonheur dans la fortune, sont dans la position d'un homme qui chercherait la sécurité sur un bloc de glace gagnant la pleine mer. Ce que l'argent peut satisfaire n'est qu'une bien petite partie de notre être immortel, car l'homme ne vit pas seulement de pain.

Nous connaissons tous des gens qui n'ont jamais amassé des richesses, mais qui ont développé en eux une beau caractère, une riche personnalité; des gens qui n'ont jamais gagné des millions, mais qui sont cependant devenus millionnaires en accumulant les richesses sans prix du caractère, des affections, et qui se sont fait une place dans une multitude de cœurs aimants.

Ils ne sont pas riches d'argent, mais de choses qui valent bien plus que l'argent. Ils ont enrichi des centaines d'autres vies par l'inspiration, l'encouragement qu'ils leur ont communiqués et par l'influence ennoblissante qu'ils ont exercée.

Être riche en argent et pauvre en toute autre chose, c'est être vraiment pauvre.

«L'argent n'a jamais rendu un homme heureux, disait Franklin, car il n'y a rien dans sa nature qui puisse produire le bonheur.»

Dans nos grandes villes, il ne manque pas d'hommes riches qui se font remarquer par leur absence d'intérêt pour les nobles causes, qui donnent rarement aux pauvres. Ils ne prennent aucun souci de la chose publique, n'appartiennent à aucune organisation ayant pour but d'aider l'humanité.

Ils sont entièrement et complètement repliés sur eux-mêmes. Ils ne voient pas pourquoi ils emploieraient leur argent pour autre chose que leur plaisir ou celui de leur famille. Et ils deviennent si avares et si durs que, lorsqu'ils meurent, personne ne les regrette.

N'est-il pas étrange que, connaissant comme nous les connaissons, les choses qui peuvent nous rendre heureux — telles que le travail, un noble but à atteindre, la bonté et l'altruisme, la courtoisie, la considération — , nous soyons encore acharnés à la poursuite de la richesse, au point de les négliger?

Un homme riche, à qui l'on demandait laquelle de ses actions l'avait rendu le plus heureux répondit que c'était d'avoir payé le loyer d'une maison d'où l'on allait chasser une pauvre femme. Cet homme pensait sans doute trouver le bonheur en amassant une fortune, en fabriquant et en vendant plus de marchandises que ses compétiteurs, mais le fait d'avoir conservé un toit à cette pauvre femme lui avait donné plus de joie et de satisfaction que tous ses succès dans les affaires.

Plusieurs des caractères les plus riches que j'aie rencontrés appartenaient à des gens ne possédant que très peu des biens de ce monde, mais beaucoup des richesses que l'argent ne peut procurer, ni acheter.

Lorsque M. Georges Pullman fut devenu milliardaire, il déclara: «Je ne suis pas un iota plus heureux que lorsque je ne possédais pas un dollar et que je travaillais du matin jusqu'au soir. Je crois que j'étais aussi heureux, sinon plus heureux, lorsque j'étais pauvre.»

«Les richesses ne sont que vanité et tourment d'esprit», disait Russel Sage.

Le témoignage de ceux qui ont acquis de grands bien devrait faire autorité, et cependant le but du plus grand nombre est d'acquérir des richesses.

Pourquoi le fait que d'autres possèdent plus que moi enlève-t-il de la valeur à ce que j'ai? Pourquoi jouirais-je moins de ce qui m'appartient parce que d'autres ont plus que moi? Pourquoi m'avilirais-je moi-même en m'inclinant devant ceux qui ont réussi à gagner beaucoup d'argent? L'argent est-il l'étalon d'après lequel on juge de la valeur des choses? A-t-il plus de prix que l'homme lui-même? Il devrait y avoir dans tout homme une valeur morale bien plus grande que toute la richesse qu'il a pu amasser.

Si nous concentrons nos pensées et nos efforts sur la manière de faire fortune, sur nos intérêts égoïstes, il n'existe rien en nous qui puisse nous rendre heureux.

L'amour de l'argent devient d'abord une habitude, puis une maladie presque aussi dangereuse que la morphinomanie. Le démon de l'opium fait perdre à ses esclaves le sens moral, le sentiment du devoir et la perception de la vérité, et développe chez eux une ruse extraordinaire pour se procurer de quoi satisfaire leur passion; de la même manière, la maladie de l'argent tend à détruire, chez celui qui en est atteint, le sentiment de ce qu'il doit aux autres, et développe en lui une cupidité colossale et brutale, tout à fait anormale.

Combien d'êtres humains rétrécissent et décolorent leur existence, entravent leurs progrès, en prenant une fausse attitude en face de la vie! Ils tuent la joie et détruisent leur bonheur par leur envie, leur jalousie et leurs mauvaises ambitions. La vue de la prospérité des autres semble tuer en eux la jouissance de ce qu'ils possèdent.

Pour être heureux, il faut que nous ayons notre propre approbation; et il y a en nous quelque chose qui condamne tout acte égoïste, aussi bien que toute mauvaise action. Je n'ai jamais rencontré une personne avare, égoïste, qui fût heureuse. Où ces penchants dominent, il n'y a pas de place pour ce qui crée l'amour de la vie. Ces semences grossières et funestes tuent les plantes délicates et les fleurs qui répandent de la douceur et de la beauté, du contentement et du bonheur. Ces deux sortes de plantes ne peuvent croître ensemble dans le même sol.

Il n'y a qu'une sorte de bonheur qui vaille la peine d'être goûté: c'est celui qui ne laisse aucun aiguillon derrière lui, et qui ne produit aucune réaction fâcheuse. La satisfaction des désirs égoïstes produit toujours cette réaction.

Quoique les richesses soient désirables à certains égards, elles sont une très grande tentation pour les faibles, les superficiels, les gens vains. La fortune s'entoure de beaucoup d'ennemis qui tentent de nous faire accomplir des choses qui ne sont pas bonnes pour nous, qui ruinent notre santé et démoralisent notre caractère.

Emerson a dit que si nous possédons du terrain, ce terrain nous possède. La propriété signifie toujours absorption de temps et d'énergie. L'accroissement des biens entraîne toujours de nouvelles obligations, crée de nouvelles tentations à se laisser aller à l'indolence, à l'amour du plaisir, à la satisfaction des désirs des sens. Une grande fortune est l'ennemie de la vie simple, et nous sommes ainsi faits qu'une vie compliquée ne nous apporte ni le bien-être véritable, ni le bonheur.

Une des doctrines les plus dangereuses est celle qui fait croire que le vrai bonheur dépend des biens matériels, au lieu d'être un état d'esprit. Dans notre ignorance, nous perdons la capacité de goûter le vrai bonheur et nous le poursuivons dans les choses matérielles, croyant qu'elles nous aideront à résoudre nos problèmes et à nous rendre heureux. Plus un homme possède, plus il veut avoir. Au lieu de remplir un vide, la fortune en crée un. Un grand avoir à la banque n'a jamais rendu un homme riche, car quoiqu'il puisse posséder beaucoup d'argent ou de terrain, cet homme n'est pas riche s'il n'a pas le cœur bon.

Il est aussi impossible à l'égoïsme de goûter le vrai bonheur qu'il l'est à un aveugle d'apprécier la gloire d'un lever de soleil.

N'est-il pas étrange qu'un homme qui a été égoïste, vil et malhonnête en gagnant sa fortune, un homme qui a opprimé et avili ceux qui l'ont aidé à la gagner, puisse s'attendre à être heureux?

Les plus malheureux des hommes que je connaisse préparent eux-mêmes leur propre purgatoire par leurs idées fausses sur la vie, en donnant de la valeur aux choses qui n'en ont point, et vice versa. L'idée la plus pernicieuse qui ait traversé un cerveau humain est que la satisfaction des désirs égoïstes puisse procurer le bonheur.

Si un homme pouvait à jamais renier le haut idéal qui lui est apparu dans ses meilleurs moments, s'il pouvait détruire en lui l'image de son Créateur, éliminer tout ce qui en lui aspire au bien, et ne conserver que sa nature animale, alors il jouirait du bonheur de la brute, mais non de celui de l'homme digne de ce nom. Et voilà la sorte de bonheur dont jouissent bien des millionnaires — ils ne peuvent jouir que de ce qui satisfait leurs appétits, et ils sont incapables de jouir de quelque chose de plus noble, jusqu'à ce qu'ils aient développé en eux les facultés capables d'apprécier un bonheur plus élevé.

Un homme ne peut jamais réaliser un bonheur complet et permanent avant de s'être placé dans le courant qui nous entraîne vers Dieu, parce que tout ce qui tient à la terre est transitoire et sujet au changement. Il n'y a rien de permanent dans ce que les choses matérielles nous procurent.

Robert-Louis Stevenson appréciait la perte de biens terrestres comme un élan donné à l'âme pour s'élever vers le ciel. Il envoya un jour un télégramme de félicitations à un ami dont la maison venait d'être incendiée, parce que la femme de cet ami se laissait trop absorber par les soins à donner à une demeure aussi vaste et aussi riche.

Pour beaucoup de gens, l'argent représente la satisfaction de leurs désirs sensuels. Il leur semble que s'ils pouvaient s'accorder tout ce qu'ils désirent, ils seraient parfaitement heureux. Mais ils découvrent ensuite que la fortune a des épines qui tourmentent son possesseur.

Il y a de nos jours une multitude de gens riches qui ne peuvent comprendre pourquoi l'argent ne leur donne pas ce repos d'esprit, ce bien-être et cette satisfaction, cette sérénité et cette existence paisible qu'ils rêvaient d'obtenir, lors même que les moyens qu'ils ont employés pour l'acquérir n'étaient pas toujours parfaitement honnêtes.

Celui qui a gagné une fortune d'une façon illicite a beau fonder des collèges ou des hôpitaux, nourrir et vêtir des pauvres, il ne trouvera pas le bonheur dont il avait fait le but de toute sa carrière.

On ne peut pas plus acheter le bonheur qu'on ne peut acheter l'amour ou le respect. Quelques-uns des hommes les plus misérables que je connaisse sont des gens qui dépensent beaucoup d'argent pour essayer d'acheter ce bonheur idéal qui ne provient que d'une vie juste et droite.

Une fausse ambition, le désir ardent de surpasser les autres, ne peuvent donner de la satisfaction. Nous nous méprisons nous-mêmes intérieurement pour nos désirs égoïstes, pour notre habileté à enlever quelque chose aux autres afin de posséder davantage. Nous nous condamnons nous-mêmes pour notre manière de tenir les autres en arrrière, de chercher à tirer avantage d'eux et à profiter de leur malheur. Nous savons que nous agissons mal, et notre conscience nous le reproche. Nul ne peut être vraiment heureux qui ne fait pas les choses qu'il admire chez les autres. Si vous faites une chose que vous désapprouveriez chez autrui, vous vous désapprouvez vous-même, car vous ne pouvez être heureux sans votre approbation.

Le grand but de la vie devrait être d'acquérir la plus grande somme possible de douceur et de bonté. Les meilleures richesses sont indépendantes de la fortune. Elles ne peuvent être détruites ni par le feu, ni par l'eau, ni par un accident de chemin de fer.

Qu'y a-t-il de plus commun que de voir des hommes et des femmes affamer leur âme, paralyser sa croissance et l'expansion des sentiments qui, seuls, rendent la vie digne d'être vécue, pour s'assurer les plaisirs des sens et amasser des richesses dont l'effet est, en général, de les éloigner de plus en plus de la vie de l'esprit? Quelques acres de terrain, une rangée de maisons, un palais comme demeure, quelques rentes, de l'argenterie et un bel ameublement, de beaux vêtements, sont après tout bien peu de chose pour satisfaire les aspirations d'une âme immortelle.

Il existe, dans notre pays, des centaines de foyers où l'on ne trouve aucun livre inspirateur, aucun tableau, aucune sculpture, aucune œuvre d'art ayant une signification spirituelle, ni quoi que ce soit, enfin, qui puisse élever les pensées de leurs habitants ou ouvrir des horizons à leur vie. On rencontre un étalage de riches tentures et de beaux tapis, des ameublements somptueux représentant une fortune, mais rien qui fasse appel à l'intelligence et à l'esprit.

Dans bien des demeures humbles, on trouve souvent plus de choses qui inspirent, qui élèvent, qui sont au-dessus du commun, que dans les maisons de nos millionnaires. Il n'y a pas, il est vrai, de riches tapisseries ou de coûteux tableaux, pas de ces riens sans prix ou d'ornements inutiles, peut-être même pas de tapis dans les chambres, mais on remarque des volumes fatigués dont l'usure révèle le caractère des habitants, leur goût affiné, et dénote une atmosphère spirituelle, aimable et bienveillante qui donne à l'intérieur le plus humble une beauté et un charme que la fortune ne peut offrir.

La beauté de l'âme, la bonté du cœur et un esprit cultivé forment l'ameublement qui transforme une hutte en un palais, et sans lequel la maison la plus luxueuse n'est qu'un lieu clinquant, pauvre et désolé.

Un employé me disait récemment: «Je ne suis qu'une machine à travailler pour mon patron, qui me parle comme si je n'avais rien su faire de ma vie, parce que je ne me suis pas établi et n'ai point gagné d'argent. Il me répète que n'importe quel individu ayant une once de cervelle et de courage ne manquerait pas de faire fortune dans un pays comme le nôtre.

«Mais lui et moi nous avons une conception tout à fait différente de ce qui constitue le succès et le bonheur. Il y a ce qu'on peut appeler le succès dans les entreprises, qui consiste à se vouer à une certaine spécialité et à y gagner de l'argent; puis il y a le succès qui consiste à bien vivre à côté de ses affaires, c'est-à-dire le succès de la personnalité.

«Mon patron me considère comme une non-valeur parce que je n'ai pas de quoi vivre, comme lui, dans un quartier riche, ni de quoi m'accorder une automobile. Ma famille ne peut faire autant de toilette que la sienne, et mes enfants n'ont pas les mêmes relations. Nous n'appartenons pas à la même caste. Je ne suis pas, comme lui, membre de plusieurs comités. Et cependant, lorsqu'on va au fond des choses, je suis plus estimé de mes voisins que ne l'est mon patron. On le considère comme un homme rusé, habile en affaires, et heureux dans ses entreprises. Les gens regardent à son argent et non à lui-même; il sont jaloux de sa fortune.

«Et, à mon idée, il y a une grande différence entre gagner une fortune et développer en soi l'homme intérieur. J'ai commencé à travailler chez M. B. comme petit employé à trois dollars par semaine. Mais il ne s'écoula pas beaucoup d'années avant que je fusse passé maître dans ma partie. Je crois que j'ai une plus grande estime pour mes occupations qu'il n'en a pour les siennes. Un travail bien fait me réjouit autant qu'une superbe œuvre d'art, tandis que mon patron ne semble considérer ses occupations que comme un moyen de gagner de l'argent. Il est un brasseur d'affaires; mais il ignore qu'il y a, dans la vie, quelque chose de meilleur que de brasser des affaires.»

Ce n'est pas la possession de l'argent qui constitue la vraie richesse, celle qui éveille en nous la conscience d'un noble but à atteindre, celle qui donne l'assurance qu'on remplit bien sa mission, ici-bas, selon les plans que le Créateur a formés pour nous dès notre naissance.

Ce sont les richesses de l'âme, le généreux désintéressement, l'amour qui ne cherche pas son propre intérêt, la main qui aide, le cœur qui sympathise, qui constituent la véritable richesse et remplissent celui qui la possède de la joie qu'on éprouve à accomplir noblement sa tâche.

Bien des fois j'ai fait un long voyage pour rendre visite à une humble demeure, à Amesbury, dans le Massachusetts. Toute la propriété ne vaut que quelques centaines de dollars, mais le fait que John Greenleaf Whittier y a vécu lui donne une valeur inestimable. Des gens traversent les océans pour venir la visiter. Des admirateurs enthousiastes du poète emportent de ce lieux des souvenirs sous forme d'éclats de bois, de fleurs sauvages, de feuilles, etc., afin de se rappeler, et de rappeler à ceux qui viendront après eux, qu'un homme possédant une noble nature a vécu là.

Des milliers de gens, en Amérique, considèrent Whittier, le simple poète, comme un des plus riches trésors que ce pays ait produits, et cependant, considéré au point de vue des affaires tout ce qu'il a laissé après lui n'a que la valeur d'un chant.

Faites attention à la manière dont vous parlez d'hommes et de femmes qui ont refusé d'adorer le veau d'or, parce qu'ils ont cru qu'il y a quelque chse de meilleur dans la vie que de gagner de l'argent. Leurs monuments, érigés dans les parcs et sur les places publiques, proclament la valeur des vies héroïques qui survivront pendant des siècles, alors que vos millions seront oubliés depuis longtemps. L'égoïsme n'est pas immortel. L'avarice ne vit pas longtemps; ses enfants ont la vie courte. Qui a jamais vu des gens faire des pèlerinages aux demeures des millionnaires n'ayant jamais rien fait pour le monde? Qui voudrait insulter à la mémoire de Whittier en demandant s'il était riche? Qui voudrait profaner le nom de Lincoln en demandant combien d'argent il a laissé, ou en affirmant qu'il n'a pas eu de succès parce qu'il était pauvre? Des centaines d'hommes et de femmes ont vécu, et sont morts dans de pauvres demeures, dans des mansardes, et même dans des asiles, qui cependant ont enrichi le monde par leur vies, qui ont fait avancer la civilisation, et procuré plus de bonheur à l'humanité que beaucoup de millionnaires. Des hommes, qui n'ont jamais possédé mille dollars, ont laissé à la postérité des noms qui ne sont pas près de tomber dans l'oubli.

Considérez-vous comme vraiment pauvre un homme qui n'a peut-être point d'argent, mais dont le caractère est si exubérant, et qui a une si grande expérience de la vie, qu'il peut enrichir et rendre heureuse toute une fraction de l'humanité? Regardez-vous comme pauvre un homme dont les voisins se sentent enrichis par sa seule présence? Direz-vous qu'il est pauvre, tel homme qui vit dans une mansarde, mais dont l'existence augmente la valeur de tous ses alentours? Considérez-vous comme pauvre celui qui est aimé par tous les enfants de son voisinage, qui regardent comme un grand honneur d'être invités chez lui, ou même simplement d'être salués par lui dans la rue? Considérez-vous comme pauvre celui dont le foyer, quelque humble qu'il soit, est regardé comme l'asile de la paix et du bonheur?

Être accaparé par ses occupations, englobé dans une vie des plus compliquées, harassé par les soucis et les difficultés qui accompagnent une grande fortune, ce n'est pas être riche. C'est l'incommensurable égoïsme de l'humanité qui prise tellement l'argent et ce qu'il procure. Mais il y a des mobiles plus nobles.

Le temps, l'occasion et la volonté d'aider les autres, et de leur procurer du bonheur, constituent le meilleur capital, et si vous ne pouvez l'amasser, vous êtes vraiment pauvre, et vous ne connaîtrez jamais la joie et la satisfaction que donne une belle vie, lors même que vous posséderiez des millions.

CHAPITRE VI
Comment jouir sans posséder

«Qu'est-qui fait la jouissance du possesseur, sinon la vue de ce qu'il possède?»

Un marquis français dont Washington Irving nous a fait faire la connaissance, se consolait de la perte de son château en disant qu'il avait Versailles et Saint-Cloud pour ses villégiatures, et les allées ombragées des Tuileries et du Luxembourg pour ses promenades en ville.

«Quand je me promène dans ces beaux jardins, disait-il, je n'ai qu'à m'imaginer que j'en suis le possesseur. Tous ceux qui les fréquentent sont mes visiteurs, et je n'ai pas la peine de les entretenir. Mes domaines sont un vrai *Sans-Souci*, où chacun fait ce qui lui plaît, sans ennuyer le propriétaire. Tout Paris est mon théâtre, et m'offre un continuel spectacle. Je trouve table servie presque dans chacune des rues, et des milliers de serviteurs sont prêts à voler à mon appel. Quand ils m'ont servi, je les paye, et je n'ai plus à m'en préoccuper. Je n'ai pas le souci de penser qu'ils me volent dès que j'ai tourné le dos. Par-dessus tout, continuait le vieux gentilhomme avec un sourire de bonne humeur, quand je réfléchis à tout ce que j'ai souffert, et que je le compare à ce dont je jouis maintenant, je ne puis m'empêcher de trouver que j'ai eu une singulière bonne fortune.»

L'habitude de se sentir riche parce qu'on a développé en soi la faculté de trouver quelque chose de bon dans tout ce qu'on rencontre, est en elle-même une richesse. Pourquoi ne nous sentirions-nous pas riches en jouissant de tout ce que nos yeux peuvent contempler, lors même que d'autres en possèdent les titres de propriété? Pourquoi ne jouirais-je pas des magnifiques campagnes qui appartiennent aux riches, aussi bien que si elles étaient à moi? Lorsque je passe près d'elles, je puis jouir de leur vue; la beauté des plantes, des pelouses et des fleurs est à moi. Le fait qu'elles appartiennent à un autre ne peut altérer ma jouissance esthétique. La meilleure part, le paysage, le murmure du ruisseau, les pentes de la vallée, le chant des oiseaux, le lever du soleil, ne peuvent être inscrits sur aucun titre de propriété; ils appartiennent à l'œil qui les contemple, à l'intelligence qui sait les apprécier.

Comment se fait-il que de rares personnes savent se procurer de telles jouissances, qui enrichissent la vie la plus pauvre, tandis que d'autres savent si peu jouir des conditions avantageuses dans lesquelles la richesse les a placées?

C'est simplement une question de tempérament. Quelques personnes sont aveugles en ce qui concerne la beauté. Elles peuvent voyager dans des sites incomparables sans rien ressentir. Leurs âmes ne sont pas touchées, elles ne sentent rien de ce qui met d'autres personnes en extase.

On raconte l'histoire d'une société de touristes qui faisaient un voyage dans les Alpes. Entre autres voyageurs se trouvaient une dame anglaise et un flegmatique allemand. Le guide conduisit la société à un contour subit d'où l'on découvrait un magnifique panorama. La dame s'avança la première et dit: «Que c'est beau!» L'allemand vint ensuite, tomba à genoux et, se découvrant, s'écria: «Mon Dieu, je te remercie de ce que j'ai vécu pour voir ce jour!»

«Si vous n'êtes pas riche vous-même, soyez heureux que d'autres le soient, et vous serez étonné du bonheur qui en résultera pour vous-même», disait le Révérend Dr Charles F. Aked.

N'avez-vous jamais réalisé, mon pauvre ami qui vous plaignez, combien vous êtes réellement riche? Vous dites que vous ne possédez point de terrain, point de maison, que vous vivez dans un appartement loué et exigu. Oh! quelle somme de plaisir vous est enlevée par l'envie! C'est une âme petite que celle qui ne peut jouir de ce qui ne lui appartient pas en propre, qui traverse la vie, toujours envieuse. Nous devrions être capables de jouir de tout ce qui est agréable, sans nous soucier de ce que cela ne nous appartient pas. C'est folie que d'envier aux autres ce que nous ne pouvons pas posséder. Il nous faut apprendre à jouir de ce que nous ne possédons pas. Soyons comme les oiseaux qui ne s'inquiètent pas de savoir à qui appartient la campagne où se trouve l'arbre sur lequel ils construisent leur nid.

Avez-vous jamais pensé quelle petite partie du patrimoine de la communauté appartient à l'individu?

Les rues, les routes sont à tout le monde; les jardins publics, les bibliothèques publiques aussi. Les écoles vous appartiennent; les rivières, les ruisseaux, les montagnes, les levers de soleil, les merveilles des cieux sont à nous. M. Rockefeller ne peut jouir de la chaleur du soleil ou de la beauté de la lune plus que nous; les étoiles sont autant à vous qu'à lui. À chaque saison, les charmes de la nature, les joies que le Créateur a répandues partout sont à vous, tout aussi bien qu'à celui qui paye les impôts du terrain.

Pensez à ce que coûte à une grande ville l'entretien de ses parcs! La fortune d'un Carnegie y suffirait à peine, et cependant vous les trouvez toujours parfaitement entretenus, sans que vous ayez à vous en occuper. Ceux qui les soignent et les cultivent sont des employés de l'État, qui travaillent pour vous aussi bien que pour les riches. Vous n'avez pas à les payer, ni à les surveiller; aucun souci ne vient troubler votre jouissance. Les fleurs, les oiseaux, les statues, tout ce qui se trouve dans nos grands et beaux parcs, sont aussi bien votre propriété que celle des plus riches. Ainsi, les plus pauvres de nos villes se trouvent posséder des centaines d'acres de terrain!

Le malheur est que nous nous exagérons l'avantage de la propriété. L'esprit humain ne peut jouir de beaucoup de choses à la fois, et une existence compliquée va à fin contraire de son but.

«J'aimerais mieux être capable d'apprécier des choses que je ne puis avoir, que d'avoir des choses que je ne puis apprécier», disait un écrivain.

Robert-Louis Stevenson empaqueta un jour ses peintures et les envoya à un ennemi qui allait se marier, puis il écrivit à un ami qu'il venait de se délivrer de son esclavage. «Je vous en prie, disait-il, ne donnez pas d'otages à la fortune. Une fois par mois, à peine, vous sentirez-vous disposé à admirer une peinture; allez alors dans un musée. Là, vous pourrez admirer; et à votre arrivée tout sera en ordre sans qu'il vous en ait rien coûté.»

Pourquoi disputerais-je et lutterais-je pour entrer en possession d'une petite portion de cette terre? La terre entière appartient à ceux qui savent en jouir. Ceux qui la possèdent directement prennent soin de ce qui m'appartient, et le maintiennent en bonnes conditions. Pour quelques francs, je puis me rendre, en chemin de fer, dans celle de mes possessions que je préfère, et cela ne me coûte aucun effort, aucun soin; les vertes prairies, les arbrisseaux, les statues des parterres, les belles peintures ou les sculptures sont toujours prêtes pour moi, toutes les fois que l'envie me prend d'aller les admirer. Je ne voudrais pas les avoir en ma possession, car elles nécessiteraient des frais que je ne puis faire; de plus, j'aurais constamment la crainte qu'elles ne soient détériorées ou volées. Tout est préparé et conservé pour moi sans aucune peine de ma part. Le peu que je paye pour l'usage des bibliothèques, des chemins de fer, des galeries de peintures, des jardins publics, est bien inférieur à ce que je devrais dépenser pour en entretenir une minime partie. La vie, le paysage, les étoiles et les fleurs, la mer et l'air, les oiseaux et les arbres sont à moi, que désirerais-je de plus? Toutes les générations ont travaillé pour moi; toute l'humanité me sert. Je n'ai plus qu'à me nourrir et à me vêtir.

Quelques personnes sont ainsi constituées qu'elles n'ont pas besoin de posséder les choses dont elles jouissent. Elles ne sont pas envieuses, et se réjouissent de ce que d'autres ont de belles maisons et de la fortune, quoiqu'elles-mêmes soient pauvres. Henry Ward Beecher possédait cette nature large, libérale, magnanime, aimante, qui permet de jouir sans posséder. Il avait coutume de dire que c'était un vrai plaisir pour lui que de s'arrêter devant les étalages de magasins, spécialement à Noël, pour admirer tout ce qu'il y voyait; il affirmait qu'il savait jouir de l'architecture et des sculptures des maisons princières, comme si elles lui appartenaient, sans se soucier du nom du propriétaire.

Phillips Brooks, Thoreau, Garrison, Emerson, Beecher, Agassiz, furent riches sans argent. Ils voyaient la splendeur d'une fleur, la gloire des prairies, découvraient un roman dans le murmure d'un ruisseau, entendaient le sermon que prêchent les pierres, et trouvaient quelque chose de bon dans tout. Ils savaient que celui à qui le paysage appartient est rarement celui qui en paye l'impôt. Ils s'appropriaient la richesse des prairies, des champs, des fleurs, des oiseaux, des ruisseaux, des montagnes et des forêts, comme l'abeille suce le suc des fleurs. Chaque chose dans la nature semblait leur apporter un message spécial de l'Auteur de tout ce qui est beau. Pour ces âmes privilégiées, tout était revêtu de beauté et de gloire, et leurs âmes altérées s'en abrevaient, comme le voyageur, dans le désert, se désaltère à la source de l'oasis. Extraire la richesse des hommes et des choses pour la répandre ensuite à flots sur l'humanité altérée, semblait être leur mission.

Avez-vous jamais observé les abeilles lorsqu'elles tirent un miel délicieux de plantes peu attrayantes? Je connais des hommes et des femmes qui ont développé en eux ce magnifique instinct. Ils font surgir le bien et le beau du plus repoussant des milieux. Ils ne peuvent converser avec les spécimens les plus pauvres, les moins attrayants de l'humanité, sans en retirer ce qui adoucit la vie et enrichit l'expérience.

Cette faculté de trouver de la jouissance partout est un don divin. Elle élargit la vie, approfondit l'expérience, et enrichit l'être tout entier.

Le secret du bonheur est dans un esprit joyeux et content. «Il est pauvre, celui qui est mécontent de tout; il est riche, celui qui se contente de ce qu'il a», et sait jouir de ce que les autres possèdent.

«Il y a des joies qui voudraient nous appartenir. Dieu en envoie des milliers qui, semblables à des oiseaux, cherchent un asile en nous; mais nous ne savons pas les voir, et elles ne peuvent rien nous communiquer. Elles s'arrêtent un instant sur notre toit, chantent une chanson, et s'envolent.»

CHAPITRE VII
Surmener ses nerfs est un péché

> Le couple le plus uni et le plus heureux trouvera toujours des occasions de support, et quelque chose à pardonner chaque jour.
>
> COWPER

La majorité des hommes et des femmes sont des «surmenés». Ils sont si fatigués et si déprimés physiquement qu'ils n'ont plus d'endurance. Ils ne peuvent plus se maîtriser, et sont les victimes de leurs nerfs.

Il y a des milliers et des dizaines de milliers de femmes qui souffrent de fatigue chronique, et qui ne peuvent jamais se reposer entièrement. La plupart ne dorment pas assez, parce que les enfants interrompent constamment leur sommeil. Une grande et lourde tâche, combinée avec le travail et la monotonie de la vie féminine, suffisent pour ruiner la santé de toutes celles qui ne sont pas extraordinairement bien équilibrées, ni très fortes de corps et d'esprit.

Les hommes, qui ont leurs heures régulières de travail et de liberté, ne comprennent pas que leurs femmes travaillent deux fois plus longtemps qu'eux, et dans des conditions bien plus irritantes. La plupart des femmes seraient gaies et bonnes si elles avaient une vie absolument normale. La plupart des hommes seraient nerveux, et deviendraient des épaves au bout de trois mois, s'ils devaient changer de vie avec leurs femmes.

Souvent les femmes deviennent extrêmement nerveuses, et leurs maris les blâment de leur irritabilité, alors qu'elle provient d'une fatigue mentale et musculaire, causée par le travail ininterrompu, la monotonie de leur existence, la multitude de vexations qu'elles ont à supporter et qui les maintiennent dans un état constant d'épuisement.

Les frottements qui se produisent dans beaucoup de ménages malheureux proviennent, la plupart du temps, de nerfs surmenés. Les souffrances que la plupart d'entre nous infligent à leur entourage ne proviennent d'aucune mauvaise intention. Les paroles blessantes que nous prononçons, nos critiques acerbes, notre manque de bienveillance, coexistant avec un bon cœur, prouvent seulement que nos nerfs sont surmenés. Nous pouvons être vraiment méchants même avec ceux que nous aimons le mieux, lorsque nos nerfs surmenés nous ont enlevé la maîtrise de nous-mêmes.

Combien de personnes souffrent pendant des années, même parfois pendant toute leur vie, de blessures cruelles infligées par un ami bien cher, dans un moment de colère provoqué par un état physique défectueux! Combien aussi souvent, lorsque nous sommes fatigués et surmenés, nous blessons ceux que nous aimons tendrement et que nous voudrions aider!

Les péchés commis par les nerfs surmenés sont responsables d'une bonne partie des misères et des insuccès du monde. Ce surmenage provient d'un sang vicié, d'un empoisonnement des cellules par défaut d'exercice ou de récréation, du manque de sommeil, ou d'un état mental défectueux.

Prenez par exemple un homme qui souffre d'insomnie. Des temps difficiles ou une panique financière ont complètement compromis ses affaires. Doué d'un tempérament nerveux, très impressionnable, porté à se faire des soucis même quand tout va bien, cet homme sera absolument démonté lorsque sa vitalité physique sera amoindrie. Son endurance sera tellement diminuée que sa volonté ne sera plus maîtresse de dominer la situation, et il sera la victime de toutes espèces de petites difficultés qu'il aurait parfaitement surmontées dans son état normal. Il deviendra déraisonnable avec ses employés, cruel envers ceux qui dépendent de lui, et il dira des choses qu'il regrettera amèrement plus tard.

Il n'y a qu'une chose à faire quand vous sentez que vous ne pouvez plus vous maîtriser: quittez ce que vous faites, retirez-vous dans un endroit tranquille, sortez si possible de chez vous, de façon à avoir quelques minutes de solitude suffisantes pour que vous puissiez recouvrer votre équilibre et la maîtrise de vous-même.

La lumière du soleil est aussi nécessaire au bonheur qu'aux pêches. Plus d'une personne fatiguée, découragée, mélancolique, deviendra vigoureuse et heureuse, en allant simplement se promener au soleil.

Les victimes des nerfs surmenés doivent avoir des habitudes régulières, et prendre grand soin de leur santé.

Rien ne peut remplacer l'exercice en plein air et un milieu gai et harmonieux. Le souci, l'anxiété, la crainte à tous les degrés, sont les mortels ennemis des nerfs. Il en est de même du travail intensif.

Je reçus, il n'y a pas longtemps, une lettre d'un jeune avocat qui souffre d'une intense dépression nerveuse. Il avait une bonne constitution, mais l'ambition de se faire une réputation le poussa à travailler plus de quinze heures par jour. Il avait l'idée fausse qu'un homme qui travaille beaucoup, sans s'arrêter, a un grand avantage sur celui qui ne travaille qu'un certain nombre d'heures et s'accorde des vacances. Aussi travailla-t-il sans relâche. Il a retiré tous ses fonds de la banque de la Nature, et maintenant il traverse un moment de banqueroute physique.

Juste au moment où sa position s'améliore, où il pourrait donner son maximum d'efforts et atteindre le succès qu'il mérite, il est forcé d'abandonner son étude, peut-être pour toujours, grâce à sa santé compromise.

Il n'a jamais été décrété que l'homme serait l'esclave de son travail, qu'il devrait dépenser toute sa force et toute son énergie à gagner sa vie, sans garder un instant pour *vivre*. Le temps viendra où l'on reconnaîtra qu'il est possible de faire plus d'ouvrage, et de meilleure qualité, en moins de temps que ne le comporte la journée actuelle de travail. «Toujours travailler, sans jamais s'amuser, fait de Jacques un triste garçon.» Le fait que nous sommes tellement enclins à la plaisanterie et à la gaîté, indique que nous devons nous y livrer de temps en temps. Beaucoup d'employés travaillent un trop grand nombre d'heures chaque jour, parce que leurs patrons n'ont pas encore compris la force que donne un cerveau rafraîchi et une santé vigoureuse.

Quelque capable ou bien portante que soit une personne, si ses cellules cérébrales et ses facultés sont toujours tendues comme la corde d'un arc, elles perdent leur élasticité, leur fermeté, et deviennent molles, flasques et déprimées.

Le cerveau qui est constamment fatigué par la même occupation, et qui n'a que peu de changement, n'est pas capable de travailler comme celui qui a de fréquentes récréations. L'homme qui travaille sans relâche, qui a peu de distractions ou d'agrément dans sa vie, devient routinier, et se dessèche par manque de variété, de nourriture mentale et de stimulant. Il détruit ainsi sa capacité d'être heureux. Rien n'est meilleur, pour ceux qui travaillent mentalement ou physiquement, que de fréquents changements, de nouveaux points de vue. Partout nous rencontrons des gens routiniers et peu intéressants, qui le sont devenus parce qu'ils ont dû travailler trop et trop vite, et n'ont pas eu assez de récréation. La monotonie est une grande destructrice de l'habileté et du bonheur.

La grande majorité des gens font leur ouvrage machinalement, et le considèrent comme une corvée inévitable, alors que tout travail devrait être une joie, si tous les travailleurs étaient à leur véritable place et ne travaillaient que lorsqu'ils se sentent frais et dispos. Dans de telles conditions, l'exercice des muscles ou du cerveau procurerait une sensation de bien-être, et serait un tonique au lieu d'être une fatigue; la vie serait un délice et non une lutte. Le travail, comme la religion, «ne devrait jamais diminuer nos joies». Le travail est essentiel à la santé, et la santé est le fondement du bonheur.

Il est étrange que la plupart des gens ne puissent comprendre la différence qui existe entre travailler lorsque le cerveau et les muscles sont dans de bonnes conditions, ou les forcer à tavailler lorsqu'ils sont fatigués. Personne n'est vraiment soi-même quand ses centres nerveux sont surmenés, soit par un travail excessif, soit par une mauvaise alimentation. Les pensées, l'énergie, l'ambition, l'idéal, dépendent pour une large part de l'état de santé.

Qui pourra estimer les tragédies provoquées par des cellules nerveuses surexcitées et surmenées? Beaucoup de crimes sont le résultat de conditions physiques anormales dépendant de la fatigue. Les hommes font une quantité de choses absurdes pour essayer de répondre aux réclamations de ces cellules affaiblies. Ils cherchent à les restaurer par la boisson ou d'autres moyens de dissipation.

Si toute la population d'un pays voulait s'astreindre à suivre, pendant six mois, les lois de la santé, cela changerait toute notre civilisation. Le malheur, la misère et le crime seraient incommensurablement réduits et l'activité productrice serait merveilleusement accrue. L'ignorance des lois concernant la santé est responsable, pour une bonne part, des maux dont nous souffrons, ainsi que du découragement et du malheur de tant de gens.

Il peut paraître étrange que nous dépensions tant de temps et d'argent pour des choses qui ne nous seront jamais d'une utilité pratique, autrement que comme moyen de discipline intellectuelle, et que nous négligions presque entièrement de nous étudier nous-mêmes. C'est une insulte envers le Créateur, qui nous a créés d'une façon si merveilleuse, que de ne pas consacrer autant de temps à l'étude de notre corps et de ses besoins réels, qu'à l'étude d'une langue morte qui ne nous servira qu'indirectement.

Je connais une jeune dame, très habile, qui, lorsqu'elle est en bonne santé, accomplit des merveilles. Mais, la plupart du temps, elle est dans de mauvaises conditions physiques; elle est alors déprimée, découragée et incapable de faire ce qu'elle fait si aisément lorsque'elle est bien. De cette façon, elle ne donnera probablement jamais que le dixième de ce qu'elle aurait pu donner, et n'éprouvera jamais la satisfaction que ses talents auraient pu lui procurer.

Partout, nous voyons des gens qui mènent une vie médiocre, alors qu'il auraient pu accomplir de grandes choses, si seulement ils avaient voulu prendre plus de soin de leur santé.

La première condition de succès et de bonheur est une bonne santé. Le cerveau bénéficie grandement d'un estomac et de muscles en bon état. La santé pousse à l'effort qui nous sort de la médiocrité. La faiblesse physique paralyse nos efforts, nous amoindrit, nous contracte, et notre meilleure volonté ne peut compenser ce déficit.

Une robuste santé double et quadruple la force et la puissance de toute faculté et de toute fonction. Elle tonifie tout l'organisme, enlève les toiles d'araignée du cerveau, en balaye les cendres, améliore le jugement, aiguise chaque faculté, augmente l'énergie, rafraîchit les cellules de tous les tissus du corps.

Une personne dont le corps est maladif, peu développé, qui a des muscles faibles, une vitalité amoindrie, des nerfs qui s'irritent facilement, ne peut avoir cet entrain qui est l'apanage d'une bonne santé.

L'énergie participe à la qualité et à la vigueur des facultés mentales; et un cerveau empoisonné par un mauvais sang, dû à un air vicié, à une alimentation trop copieuse ou défectueuse, à la dissipation, ou au manque d'exercice en plein air, ne peut jamais produire de grandes choses. C'est le sang pur qui procure des pensées pures et la joie de vivre, et le sang pur ne peut provenir que d'une vie pure, forte, d'un exercice vigoureux en plein air, d'une grande variété dans la nourriture mentale, et d'un sommeil réparateur.

Nous connaissons tous l'avantage que possède un homme qui irradie la vigueur, qui a un corps robuste. Les grandes œuvres sont les enfants d'une forte vitalité. Elles ne proviennent jamais d'une constitution faible ou d'un sang vicié.

Quel triste tableau offre un jeune homme faible, à moitié développé, s'élançant dans la carrière du succès avec l'ambition de réusir aussi bien que ses compagnons plus robustes que lui! Que sont ses chances comparées à celles de ces jeunes gens qui respirent la santé par tous les pores? Quel malheur d'être ainsi vaincu, dès le début de la vie active! Et par contraste, quel bonheur et quelle satisfaction on éprouve, au seuil de la vie, de se sentir vigoureux, frais, plein d'espoir, dans la conscience d'une force physique prête à tous les efforts, maîtresse de la situation.

Une bonne santé accroît, non seulement notre confiance en nous-mêmes, mais aussi notre confiance dans les autres. Sauf de rares exceptions, le grand prix de la vie se décerne à ceux qui ont un corps robuste et résistant. Celui qui possède la santé, possède une force magnétique merveilleuse qui peut forcer le succès à répondre à son appel.

Une santé robuste ne multiplie pas seulement la puissance cérébrale, mais elle accroît aussi la faculté de jouir de la vie.

En dernière analyse, le bonheur est emprisonné dans les cellules microscopiques du corps, et l'intégrité de chacune de ces innombrables cellules est essentielle au bonheur parfait. Tout ce qui nuit à cette intégrité en causant de la discorde, de la détérioration, de l'empoisonnement ou de la douleur, affecte le bien-être, le bonheur, dans la même proportion.

Le problème du bonheur ne peut guère être résolu sans la compréhension de ces conditions physiologiques. Quelles sont les notes discordantes qui ont corrompu la joie de vivre de l'homme? Quelle est la nouvelle philosophie du bonheur?

Celui qui en fera l'étude devra reconnaître à quel point notre bonheur, et même notre caractère, dépendent d'une bonne santé. Il verra qu'aucun malheur ne dure où règne une robuste santé, et qu'aucun véritable bonheur ne peut être goûté sans elle. Il découvrira que le bonheur dépend de l'intégrité, non seulement des cellules cérébrales, mais de toutes les cellules du corps. Il reconnaîtra que toute sensation de confort ou de malaise, la bonne humeur ou la mauvaise humeur, l'espoir ou la dépression, la lâcheté ou la bravoure, dépendent, par-dessus tout, d'une active nutrition des tissus, de la force des battements du cœur, de la vigueur des nerfs, en fait, du travail harmonieux de l'organisme tout entier.

Peu de personnes réalisent que le soin et l'amélioration de la santé sont, en réalité, l'amélioration de tout l'être, car à chaque amélioration dans ce domaine correspond un accroissement des facultés mentales. Améliorer la santé augmente le courage, renforce l'espoir, crée la confiance en soi, l'initiative, accroît toutes les facultés de l'intelligence et du cœur. À la détérioration physique, correspond la détérioration de toutes les facultés mentales. Cela signifie un peu moins de courage, un peu moins de cœur à l'ouvrage, moins de force de résistance contre les ennemis de notre bonheur et contre la maladie.

Une santé robuste et de l'optimiste produisent le bonheur. La puissance que possède une âme ensoleillée pour transformer les situations les plus pénibles a une valeur incommensurable. Le monde aime celui qui porte partout avec lui son soleil et sa joie. La détermination d'être aimable et complaisant envers tous, d'être gai, quoi qu'il arrive, est un grand facteur de bonheur. «Quand un homme ne trouve pas le repos en lui-même, c'est en vain qu'il le chercherait ailleurs.»

CHAPITRE VIII
Cultivez la santé et la joie

Rien ne nuit plus à notre force créatrice que l'habitude de nous apitoyer sur nous-mêmes, ou de nous plaindre. Elle paralyse les facultés parce qu'elle détruit la confiance en soi et enlève le courage. Si vous désirez réussir dans vos efforts, il faut que vous puissiez vous épanouir sans aucune restriction.

Au moment où vous commencez à vous prendre en pitié, et à penser que vous ne pouvez faire telle ou telle chose, vos facultés se mettent à l'unisson avec votre esprit, et votre énergie est diminuée ou même entièrement détruite.

Je connais un homme, intelligent et capable, qui, par une analyse constante de ses conditions physiques et mentales, est tombé dans un état tout à fait morbide; il a ainsi perdu toute confiance en son habileté, et devint rapidement faible et incapable.

Il a ruiné ses digestions en pensant constamment à sa nourriture, en s'inquiétant de ce qu'il doit ou ne doit pas manger, de ce qui lui convient ou ne lui convient pas. Aussi avale-t-il une cuillerée de dyspepsie avec chaque cuillerée de nourriture qu'il prend.

Il n'use que de certaines marques de produits. Partout où il va, il emporte avec lui son thé ou son café, et dans les hôtels, il se fait faire une nourriture spéciale. Lorsque les autres souffrent de la chaleur, il ferme portes et fenêtres pour éviter les courants d'air.

Il étudie constamment des livres de médecine, et lit toutes les annonces médicales, essayant d'y découvrir les symptômes de ses maladies imaginaires, et chaque fois que vous le rencontrez, il vous parle d'un nouveau trouble physique dont il se sent atteint.

Il pense constamment à ses maux, et s'imagine que toutes espèces de malheurs vont lui arriver. Il est persuadé qu'il ne peut entreprendre quoi que ce soit sans que mal s'ensuive.

La conséquence de tout ceci, c'est qu'il est devenu un pygmée au lieu du géant qu'il aurait pu être. S'il voulait seulement briser les limites qu'il s'est imposées, sortir de lui-même, s'évader de l'étroitesse de ses conceptions maladives, il pourrait accomplir une grande œuvre dans ce monde.

Les médecins disent qu'il n'a aucun mal physique, que tous ses maux sont dans son imagination, qu'il a tellement étudié tous les symptômes des diverses maladies dont il se croit atteint, qu'il est devenu un pauvre hypocondriaque. Ce sont ces convictions maladives qui sont la cause de sa faiblesse et des troubles physiques qu'il ressent. Il est victime de son imagination.

Et voici cet homme, magnifiquement favorisé de la nature, qui se traîne dans la carrière, quand il pourrait avancer par bonds, simplement parce qu'il s'analyse continuellement et concentre ses pensées sur lui-même, au point d'être devenu l'esclave de ses sensations.

Nul homme ne peut faire quoi que ce soit de grand, tant qu'il affaiblit ses facultés par les limitations qu'il s'impose, car personne ne peut aller plus loin que ses convictions. Aussi longtemps qu'on se croit faible, physiquement, on l'est.

Tout ce qui tend à nous rendre forts et robustes est d'une grande efficacité contre les maux nerveux et imaginaires, mais le remède par excellence est le traitement mental personnel.

Un médecin, spécialiste pour les maladies nerveuses, n'obtenant pas de résultats satisfaisants de l'emploi des remèdes, essaya de guérir ses patients en les forçant à rire en toute circonstance, qu'ils s'y sentent disposés ou non. «Relevez les coins de votre bouche», voilà sa prescription à tous ceux qui souffrent de mélancolie. Et elle opère comme un charme. En relevant les coins de leur bouche, les malades sont forcés de sourire, quelque déprimés qu'ils soient. «Souriez, continuez à sourire, ne vous arrêtez pas de sourire», leur dit le docteur. «Essayez de relever les coins de votre bouche sans vous inquiéter de votre humeur, et notez ce que vous ressentez; puis abaissez-les et faites la même observation; vous constaterez bien vite que cela fait certainement une différence.» Il garde ses patients suffisamment longtemps dans son cabinet pour qu'ils apprennent à sourire. Et les sentiments s'améliorent en même temps que la bouche sourit.

Ce médecin déclare que l'on peut arriver à se rendre mélancolique et même à pleurer, rien qu'en abaissant les coins de la bouche. Au contraire, on peut arriver à s'égayer et à changer son humeur en les relevant.

Une des raisons pour lesquelles nous avons une si piètre santé, c'est que nous avons un idéal physique amoindri. Nous avons été habitués, dès l'enfance, à entretenir des pensées contraires à la santé. Nous avons été saturés de l'idée que les maladies, les souffrances faisaient partie de notre lot terrestre, et que nous ne pouvions les éviter. On nous a tellement inculqué, dès notre jeune âge, qu'une santé robuste est l'exception et non la règle, que nous nous sommes accoutumés à considérer cet état de choses comme inévitable.

L'enfant entend si souvent parler de maladies, il est si souvent mis en garde contre le danger de la contagion, qu'il grandit avec la conviction que le désordre physique est une loi de son être. Il croit fermement qu'à un moment donné la maladie pourra le surprendre et ruiner son bonheur et sa carrière.

Pensez à ce qu'une éducation opposée produirait si on enseignait à l'enfant que la santé est l'état normal, et que la maladie est la manifestation d'une absence d'harmonie! Pensez à la force qu'il aurait, si on lui enseignait à croire qu'une santé florissante est naturelle! Pensez à ce que cela signifierait pour lui de se développer dans ces conditions, au lieu d'entendre constamment parler de maladies, et d'être constamment mis en garde contre le danger d'en contracter une!

On devrait enseigner à l'enfant que Dieu n'a pas créé la maladie, la souffrance, et qu'il n'était pas dans ses intentions que nous souffrions; que nous étions faits pour vivre toujours en excellente santé, faits pour être heureux, et non pour être misérables, faits pour exprimer l'harmonie et non la discorde.

Une saine attitude mentale a beaucoup à faire avec le bonheur. La qualité de la pensée détermine la qualité de la vie. Nous ne pouvons attendre une pensée saine d'un cerveau ou de cellules nerveuses malades. Si la vitalité est au-dessous de la normale, la vie se mettra à ce niveau, et la capacité de jouir s'en ressentira.

Plus vous êtes heureux, moins vous gaspillez d'énergie, parce que, augmenter le bonheur c'est augmenter l'harmonie, et l'organisme ne gaspille aucune énergie lorsqu'il travaille dans une harmonie parfaite. Et moins vous gaspillez d'énergie, plus vous possédez de vitalité, et moins vous êtes exposé à la maladie. Lorsque tout votre organisme est pénétré de force vitale, vous ne contractez aucune maladie.

Nous devrions de bonne heure prendre l'habitude de chasser de l'esprit toute pensée désagréable, malsaine, morbide. Chaque journée devrait être une page blanche. Nous devrions ôter de notre galerie mentale toute peinture discordante, et la remplacer par des tableaux harmonieux, qui élèvent et fortifient.

Un célèbre médecin allemand disait qu'il y a en nous quelque chose qui n'est jamais malade, qui ne meurt jamais.

Ce quelque chose, c'est *l'homme que Dieu a créé à son image*. Celui-là ne peut être discordant. Il est indépendant des circonstances. Il est le siège de la santé perpétuelle. Il n'est pas l'image déformée qu'une pensée fausse et une mauvaise manière de vivre ont créée, mais il est l'homme tel que Dieu l'a fait.

Et, si nous croyions à cette plénitude, à cette perfection (ce quelque chose en nous qui ne peut être malade ni mourir), si nous savions que cet être-là est un avec le Principe créateur immortel, toutes nos discordes disparaîtraient, et nous serions dans la Vérité. Voilà la vie, la vraie vie. Alors nous participerions à sa puissance. Alors nous aurions reconquis notre droit de naissance, et nous vivrions dans un harmonie perpétuelle.

Les personnes qui souffrent de désordres nerveux ou mentaux sont ordinairement sujettes à la crainte, une crainte qui provient du sentiment de leur impuissance, dû à ce qu'elles se sentent séparées de l'Énergie divine qui nous crée, nous guérit et nous soutient. Quand nous retrouvons la conscience de notre union avec la Divinité, avec la Vie infinie, nous éprouvons un sentiment de plénitude, une assurance qui chasse toute crainte.

CHAPITRE IX
Les joies que procure l'imagination

Une vieille dame, invalide depuis bien des années, ne peut que bien rarement sortir de chez elle, et cependant, elle dit qu'en voyageant en imagination, elle passe des heures vraiment délicieuses. Elle exécute ces randonnées chaque jour, va visiter les lieux témoins de son enfance, franchit les Alpes, se promène dans les rues des villes d'Italie qui lui étaient autrefois si chères. Elle fait aussi de fréquents voyages sur la Méditerranée. Pendant des heures, elle s'installe sur la véranda de sa vieille demeure de Sorrente, et surveille les nombreux vaisseaux qui circulent dans la merveilleuse baie de Naples; et par-delà la mer, elle entrevoit la fumée du Vésuve s'étendant dans le ciel comme la fumée d'un gigantesque train de chemin de fer. Elle voit mûrir les oranges et les citrons. Pendant des heures, cette charmante vieille dame, non seulement oublie ses douleurs et les maux qui font d'elle une invalide, mais elle oublie aussi les chaînes physiques qui la retiennent esclave dans son appartement, et elle parcourt la terre à volonté. Elle dit que ces voyages en imagination sont souvent encore plus agréables que des voyages réels, parce qu'elle n'a pas à en supporter la fatigue et la dépense.

Elle va, de même aussi, fréquemment au spectacle, revoit et revit les pièces qu'elle a vu jouer dans sa jeunesse. Elle lit Shakespeare, et fait surgir à son gré les grands acteurs et les grandes actrices, qui ne sont ainsi jamais fatigués de jouer pour elle. Souvent, dans ses moments de souffrance, cette dame part pour un de ses voyages en imagination, et pendant plusieurs heures elle évite ainsi de penser à elle-même; quand elle en revient, elle a conquis un nouvel espoir et un nouveau courage pour livrer ses batailles physiques. Elle dit que si les gens savaient jouir des plaisirs qu'offre l'imagination, la race humaine tout entière serait heureuse.

L'éducation n'appuie pas assez sur la jouissance que procure l'imagination. Nous nous laissons trop envahir par la limitation de nos sens. L'imagination nous a été donnée pour nous élever au-dessus de tout ce qui nous entoure, et nous rendre omnipotents. En un clin d'œil, nous pouvons suivre Arcturus poursuivant sa course dans l'espace; et si nous habitons les neiges du Nord, nous pouvons en un instant aller nous promener parmi les palmiers et les orangers des tropiques.

Le malheur, c'est que beaucoup de gens manquent d'imagination; pour eux, la vie est un engrenage pénible et monotone. Chacun de nous devrait avoir une utopie dont il vivrait une bonne partie du temps, un endroit idéal, où chacun et chaque chose sont ce qu'ils devraient être. Rien ne rafraîchit comme de se retirer dans ce royaume de l'Utopie où tout est idéal, où n'existent ni discorde, ni frottements, ni anxiété, et où l'esprit peut se détendre et se reposer.

Je connais plusieurs personnes encerclées par un entourage de fer, condamnées à un travail dur et ininterrompu, au point qu'il leur est presque impossible de quitter leurs affaires, et qui, cependant, quoique en butte à toutes espèces de vexations suffisantes pour leur enlever tout ressort, sont toujours sereines et joyeuses parce qu'elles connaissent l'art de s'évader en prenant des vacances mentales qui les rafraîchissent et les réconfortent délicieusement. J'ai questionné quelques-unes d'entre elles, et elles m'ont dit que, quelque fatigant et exaspérant que soit leur travail, quelque ennuyeux que soit leur entourage, elles peuvent, dès qu'elles ont un instant de loisir, s'élever au-dessus de tout ce qui les trouble, et arriver à un état mental où règnent l'harmonie et une paix que rien de ce qui est matériel ne peut atteindre ni corrompre.

Elles traversent l'Océan, et font en imagination des voyages dans les pays étrangers qu'elles ont visités autrefois. Elles ont si bien dressé leur imagination qu'elle peut créer de nouveaux lieux, de nouveaux mondes, les peupler et y vivre. Elles peuvent entendre des harmonies et des mélodies qui n'ont jamais été perçues par des oreilles humaines. Beaucoup d'invalides ont acquis cet art de se réconforter par des voyages mentaux dans des pays qu'ils ne peuvent voir de leurs yeux. Lorsqu'ils ne peuvent plus aller passer des vacances à la campagne, ils y retournent en imagination pour revoir les lieux familiers à leur enfance. Mentalement, ils canotent et pêchent sur la rivière, escaladent les montagnes, se retrempent dans la forêt, et se promènent dans les vertes prairies.

Quelles merveilleuses compensations la nature offre à la lutte dure et fatigante de la vie! La faculté de l'imagination ressemble à des ailes qui nous transportent rapidement dans des joies ineffables.

Combien peu d'entre nous réalisent quel grand don nous possédons dans l'imagination, cette capacité de nous enfuir loin de tout ce qui nous harasse et nous opprime, de tout ce qui nous décourage, nous dégoûte ou nous ennuie, de nous affranchir de nos soucis, de nos inquiétudes, de tout ce qui nous vexe, de nous évader des idées noires dans le paradis de la joie, dans un monde idéal où règnent l'harmonie, la beauté et la vérité!

De quelles richesses cette faculté nous permet de jouir! Elle aide le prisonnier à s'enfuir loin de sa cellule, à revoir son foyer et ses amis, et à aller où il veut sans être molesté. On dit que beaucoup de prisonniers deviennent, pendant des heures, presque totalement inconscients de leur emprisonnement. Ceux qui ont beaucoup écrit en prison disent qu'ils n'ont pas trouvé leur captivité trop pénible. Les barreaux d'une cellule sont impuissants à emprisonner l'esprit. Dans quel monde merveilleux a vécu Bunyan dans son cachot! Peu de personnes en liberté ont fait d'aussi merveilleuses expériences.

Par l'imagination, la nature a fourni un délicieux moyen de s'évader à tous les invalides, à tous les reclus. Pensez à ce que sont pour eux les livres! Comme ils les transportent au-delà de leurs murailles et les promènent dans le monde entier!

Certaines personnes semblent n'être jamais fatiguées. Leur intelligence est toujours fraîche, active, pleine de ressources, créatrice, parce qu'elles possèdent cette faculté de l'orienter, de la rafraîchir par de belles représentations mentales.

Un des grands secrets de ceux qui étonnent le monde par la somme de travail qu'ils accomplissent, est leur habileté à prendre de fréquentes vacances mentales, à fermer toutes les issues par lesquelles les vexations et les soucis pourraient entrer dans leur esprit et à se transporter en imagination dans les endroits où ils aimaient à aller, et à revivre les scènes qui les ont autrefois rendus heureux.

Il ne faut pas longtemps pour rafraîchir un esprit fatigué lorsqu'on connaît ce secret.

On devrait enseigner à l'enfant que les sources de la jouissance sont infinies, que les simples jouissances physiques, le plaisir de manger et de boire ne sont rien en comparaison des grandes et sublimes joies que l'on goûte par l'intelligence. Il y a autant de différence entre les plaisirs des sens et ceux de l'intelligence, qu'il y en a entre la jouissance de la brute et celle de l'homme cultivé. Bien des faits dans l'histoire prouvent que des prisonniers ont été infiniment plus heureux que des rois, parce que leur esprit n'était pas enchaîné.

Peu importe que les choses aillent mal autour de nous, que des fautes ou des erreurs nous harassent, peu importe que des malheurs nous atteignent, nous avons les ailes de l'imagination pour nous enfuir loin de tout cela, et conserver la paix et le repos d'esprit. Nous sommes comme l'oiseau que les enfants tourmentent, mais qui s'enfuit loin d'eux, en un instant, et se sent libre dans les airs.

Le Créateur nous a donné cette faculté pour que nous puissions échapper à tout ce qui nous embarrasse, nous humilie, nous ennuie, et nous placer en un instant dans des conditions idéales, goûter cette sorte de paix et de joie qu'on ne trouve dans aucun royaume terrestre, et dont ne jouit aucun monarque.

Ruskin a dit qu'il n'était pas aussi surpris de nous voir souffrir, que de nous voir perdre ce qui aurait pu nous procurer plaisir et satisfaction. Nous savons que nous laissons perdre beaucoup de nos ressources naturelles, telles que le charbon, la force motrice de l'eau, les forêts, mais ce n'est rien en comparaison de la perte désastreuse des ressources qui nous procureraient le bonheur.

La grande masse des gens n'extrayent pas le dix pour cent du bonheur qu'ils pourraient trouver dans la vie de chaque jour, uniquement parce qu'ils n'ont pas été accoutumés à penser aux sources normales de la joie. Leur esprit est vide, sauf dans les petits sillons qu'a tracés dans leur cerveau la routine de leur vie journalière. Ils ignorent leurs ressources mentales, comme les Indiens ignoraient les ressources naturelles de leur continent lorsque les Puritains abordèrent à Plymouth Rock. Ils se contentaient de végéter. Ils ne savaient pas comment se nourrir, se vêtir et se réjouir. Leur intelligence était fermée, et ils vivaient dans l'indigence, parce que les vastes ressources du plus riche continent du monde leur étaient totalement inconnues.

CHAPITRE X
Ne prenons pas la vie trop au sérieux

«Chaque passant qu'on croise semble sortir d'un souci pour tomber dans un autre», disait une dame française en arrivant à New-York.

«Les Américains sont le peuple le mieux nourri, le mieux habillé et le mieux logé du monde, dit un autre témoin, mais ils sont les plus soucieux de tous les hommes; ils ont l'air de porter tous les fardeaux de l'humanité.»

«Je me demande si le souci et le doute sont écrits aussi lisiblement sur les visages d'un autre peuple, dit Emerson. Ici, la vieillesse commence au berceau.»

Combien vite, nous Américains, nous épuisons la vie! Avec quelle hâte fébrile nous accomplissons tout! Chaque homme que vous rencontrez semble être en retard pour un rendez-vous. La précipitation et l'inquiétude semblent être les caractéristiques de notre nation.

En règle générale, le peuple américain prend la vie trop au sérieux. Les Européens considèrent les visages soucieux et solennels de notre peuple, et les comparent à des machines qui tournent à toute allure, et qui craquent faute d'huile.

Lorsqu'un homme vit d'une vie normale, il ne devrait pas avoir un regard troublé et inquiet, comme s'il avait un détective à ses trousses. Il ne devrait pas être constamment fatigué et angoissé. Il ne devrait pas prendre sa vocation tellement au sérieux que le bien-être de tout l'univers semble dépendre de son labeur.

Un jour par semaine, les personnes pieuses se rencontrent pour louer le Dieu qui a fait les belles fleurs, les délicats papillons, et tout ce qu'il y a de beau dans la nature. La note fondamentale de l'adoration devrait être *sursum corda*, en haut les cœurs! Mais combien souvent le sermon est en ton mineur, décourageant et déprimant!

Il n'y a pas longtemps, j'entendais un jeune prédicateur prêcher une sermon si sérieux et si lugubre, qu'il rendit toutes les personnes présentes mélancoliques et déprimées. Il ne renfermait aucun encouragement, rien qui put stimuler l'effort. Nul ne sortit de l'église, comme cela aurait dû être, résolu à mieux vivre dorénavant, et toute la congrégation partit avec des visages sombres. Il n'y avait rien d'encourageant non plus dans l'attitude de l'orateur. Son visage était si sérieux, et son maintien si solennel qu'il était pénible de l'entendre. Ce jeune homme remplaçait le pasteur habituel; il annonça qu'il n'avait pas prêché depuis longtemps; je n'eus pas de peine à le croire.

Évidemment, il mène une vie si sérieuse, si solennelle, qu'il n'est pas un être normal. Il est parfaitement honnête, et fait sans aucun doute de grands efforts pour détruire en lui l'homme charnel et faire vivre l'homme spirituel, mais il ne le fait pas d'une façon normale. La vraie religion n'a rien de pessimiste, de douloureux ou de triste. Sa véritable essence est l'espérance et la joie. Sa mission est d'élever, d'encourager, jamais de déprimer.

Quelle bénédiction si tout ce qui est affligeant et désappointant, tout ce qui est triste, menaçant, douloureux et sombre, pouvait être exclu des églises de la terre entière! C'est un péché que d'entrer dans le ministère avc une disposition naturelle à voir le mauvais côté des choses. Les gens ont assez à faire à porter leurs propres fardeaux; ils n'ont pas besoin qu'on vienne assombrir encore leur esprit. Ils vont à l'église pour être encouragés, fortifiés; ils ont besoin d'être délivrés des ennemis de leur bonheur et de leur prospérité. Des milliers de gens qui restent maintenant en dehors de l'église, s'y rendraient volontiers s'ils étaient sûrs d'en sortir relevés, encouragés et fortifiés.

L'homme a besoin que sa foi en lui-même, en l'humanité, en son Dieu, soit augmentée. Quand les gens vont à l'église, ils désirent rencontrer un visage qui leur parle d'espérance et qui les inspire. Autrement ils se disent: «Si cet homme est l'avocat de la religion qu'il expose, s'il consacre sa vie à une si glorieuse mission, cette religion devrait le rendre plus attrayant.» Nous sentons instinctivement que le ministre qui ne nous inspire pas un plus grand amour pour le bien, qui n'élargit pas notre foi et ne nous inspire pas de nobles efforts, a manqué sa mission.

«Loin de nous ces individus qui vont hurlant à travers la vie, écrivait Beecher, et qui tout le temps passent pour des oiseaux du paradis. Celui qui ne peut pas rire et être gai, devrait jeûner et prier jusqu'à ce que son visage resplendisse.» «Certaines personnes ont l'idée qu'elles consolent les affligés quand elle gémissent sur eux, disait Talmage. Ne promenez pas un corbillard à travers l'âme humaine. Quand vous bandez une plaie de l'âme, si vous avez besoin d'attelles, ne les faites pas en fer.»

Pourquoi prendre la vie tellement au sérieux? Un peu de plaisir, non seulement améliorera votre santé, mais accroîtra prodigieusement votre force.

Une bonne récréation a une influence subtile sur les moyens d'action de chacun; elle les renforce et les multiplie. Comme elle change notre manière de considérer les choses, relève notre courage, augmente notre volonté et notre ambition! Il semble qu'il y a en elle un fluide de bonne humeur et de gaîté qui pénètre l'être tout entier, baigne toutes ses facultés mentales, et débarrasse l'organisme des cendres et des débris accumulés par un cerveau et des muscles fatigués. Nous avons tous expérimenté la puissance transformante, rafraîchissante, rajeunissante d'une bonne plaisanterie.

Considéré au point de vue économique, pour ne rien dire de l'amélioration de la santé et de l'augmentation du bonheur, le temps consacré à la récréation est du temps bien employé, qui rapporte de bons bénéfices.

L'homme trop absorbé par ses affaires ou sa vocation, trop occupé pour prendre soin de sa santé, pour la ménager par une bienfaisante récréation, ressemble à l'ouvrier trop occupé pour aiguiser ses outils.

Vous pouvez n'être pas capable d'accumuler une grande fortune, mais que vous soyez un grand négociant ou un petit marchand, un légiste célèbre ou un modeste avocat, vous pouvez cultiver la capacité de jouir et d'être gai, et de bien mieux tirer parti de la vie que beaucoup de ceux qui sont au-dessus de vous par la fortune et la position.

Saisissez toute occasion de vous égayer. Ne retardez pas votre bonheur.

Quelques-uns d'entre nous commencent à réaliser qu'ils ont pris la vie trop au sérieux; qu'ils n'ont pas eu assez de récréations, qu'ils n'en ont pas assez joui. Bien des hommes d'affaires voient qu'il est mauvais de travailler trop d'heures par jour. Autrefois, il leur semblait qu'ils ne devaient pas perdre une minute; une application intense était devenue pour eux presque une religion. Mais ils commencent maintenant à reconnaître que c'est l'énergie, la vigueur mentale, la fraîcheur de l'esprit et du corps qui importent, que ces choses sont impossibles lorsque le corps et le cerveau sont fatigués, et que la force mentale signifie la force physique. C'est pourquoi les heures consacrées aux affaires ont été un peu diminuées, et celles consacrées à la récréation augmentées, en proportion de l'importance du travail et de la responsabilité.

Beaucoup d'hommes d'affaires de notre pays, à la tête de grands établissements fournissant une énorme somme de travail, ne passent pas plus de trois ou quatre heures par jour dans leurs bureaux, et prennent de fréquents et longs congés. Ils trouvent qu'une bonne dose de délassement et de contact avec le monde, non seulement améliore leur santé et multiplie leur capacité de travail, mais élargit leur horizon.

Il n'y a pas de plus grande illusion que celle qui nous fait croire que nous accomplissons plus de besogne en travaillant beaucoup d'heures par jour, en forçant notre esprit et notre corps jusqu'à la limite de l'endurance, qu'en travaillant moins d'heures, avec moins de fatigue et plus de vigueur et d'entrain.

Beaucoup de personnes, qui seraient capables de faire du bon ouvrage, n'en produisent qu'un inférieur, simplement parce qu'elles sont épuisées. Partout, nous rencontrons du travail mal fait parce que les ouvriers ne sont pas dans de bonnes conditions de santé. Ils n'ont pas asez de délassements, d'exercice au grand air, de récréations qui rafraîchissent et fortifient à la fois l'intelligence et les muscles. Ils prennent la vie trop au sérieux.

Quand vous avez suffisamment de repos et de délassement, vous travaillez avec plus de vigueur et d'entrain; vous commencez la journée de meilleure humeur, et vous quittez le soir votre travail, l'esprit bien disposé. Beaucoup de patrons font travailler leurs employés si longtemps et si assidûment, qu'ils ne les voient jamais gais, heureux, et pleins d'enthousiasme pour leur profession.

Qui a pu nous inculquer l'idée que nous devions prendre la vie d'une façon aussi sérieuse? Pourquoi l'homme serait-il l'esclave de son gagne-pain? Nous devrions pouvoir gagner largement notre vie, même faire fortune, tout en ayant du bon temps chaque jour. L'idée qu'il faut être esclave la plupart du temps, et ne jouir qu'occasionnellement d'une vacance, est fausse. Chaque journée devrait être un jour de vacances, un jour de joie et de bonheur; et cela serait, si nous savions vivre sainement, si nous connaissions le secret de la pensée juste et de la vie normale.

Il y a certainement quelque chose de faux dans l'idé que nous devons sacrifier la sève de notre vie à notre gagne-pain. Souvenons-nous qu'il y a quelque chose de plus important que de gagner de l'argent. Notre santé, notre famille, nos amitiés doivent avoir bien plus de valeur à nos yeux que la chasse à la fortune.

La vie nous a été donnée pour que nous en jouissions, non pas pour qu'elle soit une lutte fatigante à la poursuite de l'argent. Le gagne-pain ne devrait être qu'un simple incident dans la vie bien plus importante de l'esprit, du développement intellectuel et moral.

Les hommes pourraient trouver leur bonheur dans leurs occupations s'ils savaient comment y arriver, et, en supprimant la corvée, non seulement ils seraient plus heureux, mais encore plus prospères.

Un grand nombre d'hommes ne réussissent pas, parce qu'ils sont trop sérieux; leur froideur les rend peu sociables, moroses; elle repousse. Ce sont les natures ensoleillées, heureuses, qui attirent les amis et la prospérité. Les gens trop sérieux semblent dire: «Retirez-vous de moi, la vie est trop importante pour être employée à des bagatelles.» Ils sont secs et anguleux parce qu'il manque, dans leur vie, le plaisir et la joie que leur apporteraient la variété et le changement.

Quelqu'un me disait une fois: «Les habitants de la Nouvelle-Angleterre ont l'air d'avoir peur de jouir. Ils semblent avoir des remords quand ils dépensent quelque argent pour leur plaisir. Ils pensent qu'ils devraient faire quelque chose de plus sérieux, qu'il est frivole de dépenser son temps et son argent à se distraire. Ils croient avec Carlyle qu'ils «ne doivent pas demander s'ils sont heureux ou pas, qu'ils sont placés dans ce monde pour faire quelque chose, et ils doivent le faire».

Cette appréciation n'est pas juste pour tous les habitants de la Nouvelle-Angleterre, mais il est certain qu'un certain nombre d'entre eux pensent qu'ils doivent être occupées «aux affaires de leur Maître».

Or, pour moi, «les affaires du Maître» comprennent aussi les récréations qui font du bien et rajeunissent, une certaine somme de divertissements qui maintiennent en bonne santé physique et morale.

On a dit «qu'un fauteuil est une nécessité dans une vie très occupée».

Il est impossible à un être normal de maintenir sa vie harmonieuse sans une dose suffisante de récréation et de délassement.

Quelle magnifique influence exerce une heure de plaisir sur une âme fatiguée!

Nous avons tous éprouvé quel baume bienfaisant, quel rafraîchissement peut être une bonne soirée passée en famille ou avec des amis, après une journée de dur travail, alors que nos corps étaient fatigués et nos cerveaux surmenés.

Beaucoup de personnes semblent avoir, suspendue au-dessus de leur tête, l'épée de Damoclès prête à tomber et à les transpercer, même dans leurs heures de joie ou de plaisir. Elles semblent ne jamais jouir entièrement de quoi que ce soit. Elles nous font l'impression d'avoir constamment à la pensée la présence du squelette empoisonnant chacune de leurs fêtes.

«C'est une devoir d'être joyeux, disait A. Merryman, et la violation de ce devoir mériterait l'amende et la prison. Quel droit a-t-on d'affliger son prochain par un air triste et larmoyant? Quel droit a-t-on de semer partout le bacille de la dépression, de la mélancolie, de la désespérance? Un individu peut être couvert d'emplâtres, avoir des furoncles, des orgelets et des abcès, des taches de rousseur et des grains de beauté, des bourdonnements d'oreilles, il peut avoir le foie en mauvais état et une absence complète de bien-être dans les régions stomacales, mais il ne doit pas payer le crieur pour qu'il aille avec sa sonnette le proclamer dans la ville. Il ne doit pas non plus en corner les oreilles de tous ceux qu'il rencontre, et qui le quittent dans le même état d'esprit que s'ils venaient de visiter tous les hôpitaux d'incurables.»

«Souriez, souriez toujours! Ne murmurez pas! Ne gémissez pas! Ne pleurnichez pas! Ne grognez pas! Dites que vous vous sentez très bien, très gai, que tout va bien, que vous n'avez jamais été mieux de toute votre vie. Riez, riez fort, d'un bon rire qui vous dilate la rate. Vous n'êtes pas le premier Job assis sur un tas de cendres. Cessez de vous préoccuper de bagatelles et de créer autour de vous une atmosphère de brouillard réfrigérant. Répandez le soleil à profusion. Répandez-en des barils et des tonnes. Personne ne s'en plaindra, et tout le monde recevra avec joie tout ce que vous pourrez en donner.»

«Chaque souci enfonce un des clous de notre cercueil, c'est certain; mais chaque accès de joie en ôte un aussi.»

Une heureuse disposition, qui se moque de tout revers de fortune, et rit en face d'un désastre, est un don divin. «Le sort lui-même concède bien des choses à celui qui est gai.» Être capable de rester joyeux et de chasser le souci en riant, est une fortune plus grande que celle du roi Salomon. Et cette fortune est l'apanage de tous ceux qui ont le courage et la force de garder leur visage constamment tourné vers la lumière.

CHAPITRE XI
Le bonheur peut être cultivé

Une dame, qui a dû subir une opération pour l'enlèvement d'une tumeur, fait tout dater, dans sa vie, de ce moment-là. Elle ne peut parler d'aucun sujet sans y introduire son opération. C'est son excuse pour tous les déficits de ses affaires domestiques.

Combien de personnes ont de la peine à se défaire de leurs soucis ! Elles ont vécu si longtemps avec eux, qu'ils sont devenus des compagnons indispensables, et ces personnes semblent prendre un plaisir morbide à les entretenir, exactement comme certains malades aiment à s'appesantir sur leurs malaises et les symptômes de leur maladie.

Peu de gens se rendent compte que le bonheur peut être cultivé. Ils semblent croire que la faculté d'être heureux est héréditaire, et qu'ils ne peuvent pas faire grand-chose pour changer leurs dispositions acerbes ou tristes.

Ce que nous avons le plus de peine à apprendre, c'est que nous sommes le produit de nos pensées, et que notre entourage, notre éducation, nos pensées habituelles ont beaucoup plus d'influence sur notre personnalité que l'hérédité. Saint Paul était réellement scientifique lorsqu'il disait: «Soyez transformés par le renouvellement de votre esprit.»

Le cerveau se transforme pour répondre aux demandes qu'on lui adresse. Il est modifié par les conditions d'activité auxquelles l'individu est soumis.

Le cerveau s'adapte très facilement, preuve en soit les effets qu'exercent sur lui les différentes vocations. Chacune d'entre elles développe en lui des facultés et des caractéristiques particulières.

Dans les temps primitifs, le cerveau humain était peu développé parce qu'il ne lui était guère demandé autre chose que les facultés nécessaires à la protection de l'individu et à l'acquisition de sa subsistance; mais graduellement, on exigea de lui un plus grand développement, et maintenant les appels qui lui sont adressés sont excessivement complexes. Chaque progrès de la civilisation a eu son retentissement sur le cerveau; il a répondu à l'appel, et s'est adapté aux conditions nouvelles.

Beaucoup de personnes s'imaginent que le cerveau est peu susceptible de changement, et qu'il est fixé et limité par l'hérédité. Mais il existe de nombreux exemples de gens qui ont complètement transformé certaines parties de leur cerveau. Des facultés qui étaient faibles à la naissance, ou en déficit par manque d'exercice, ont été fortifiées.

Prenez, par exemple, le courage. Bien des personnes, qui ont réussi dans la vie, étaient comme enfants, si complètement dépourvues de cette qualité que leur carrière en était menacée. Leur courage fut fortifié par une éducation intelligente, qui leur donna de la confiance en soi, par la constante suggestion du courage, et la contemplation d'actes courageux.

Il y a, par le monde, beaucoup de gens qui font peu de chose, et qui seraient devenus mentalement des géants, si leurs facultés dormantes avaient été éveillées, leur habileté mise en jeu, et leur culture cérébrale scientifiquement établie.

Il est curieux de constater que, chez la plupart des gens qui se croient obligés de dépenser bien des années pour se préparer à leur carrière future, le bonheur, bien plus important cependant que quoi que ce soit d'autre, est laissé au hasard, sans qu'ils sentent le besoin d'étudier le moyen d'y parvenir.

C'est une grande chose que de cultiver l'art d'être heureux et de trouver le bonheur dans toutes les circonstances de la vie.

L'habitude du bonheur est aussi nécessaire à notre bien-être que le travail et l'honnêteté.

Quelle belle et bonne chose que d'être capable de tourner le dos à toute ombre qui approche, et de faire face à la lumière, en peu ou en beaucoup!

La plupart des gens malheureux le sont devenus graduellement, en prenant l'habitude du malheur, l'habitude de se plaindre, de critiquer, de murmurer pour des bagatelles. L'habitude de voir le mauvais côté des choses est la plus mauvaise qu'on puisse contracter, surtout dans le jeune âge, car on en devient ensuite l'esclave. Toutes les impulsions sont perverties, jusqu'à ce que la tendance au pessimisme, au cynisme, soit devenue chronique.

Rien ne contribue plus au succès que l'habitude de voir le bon côté des choses. Quelles que soient vos conditions d'existence, quelles que soient les infortunes qui pourront vous atteindre, prenez la ferme résolution que, quoi qu'il arrive, vous chercherez à jouir le plus possible des petits bonheurs de chaque jour, que vous accroîtrez votre faculté de jouir de la vie, en essayant de découvrir le côté lumineux de chacune des expériences de la journée. Faites-vous une loi de trouver le côté humoristique des choses. Quelque pénible ou peu attrayant que soit le milieu dans lequel vous vivez, il a un côté lumineux, si vous savez le voir. La faculté de provoquer la gaîté, même dans les circonstances adverses, a plus de valeur pour les jeunes qui entrent dans la vie, qu'une fortune sans cette faculté. Prenez la résolution d'être optimiste, de ne rien laisser pénétrer de pessimiste en vous, de porter le soleil avec vous, partout où vous irez.

Il y a une puissance de guérison dans la bonne humeur. Des nouvelles gaies ont un effet magique, même sur les invalides.

Toute une manufacture, tout un atelier ou un foyer peuvent être transformés par une seule âme ensoleillée.

C'est une grande chose que de traverser la vie le sourire sur les lèvres. Pensez combien la joie de vivre serait augmentée, si nous rencontrions partout des visages souriants, des visages irradiant l'espoir, le bonheur et la gaîté! Quelle joie de faire le voyage de la vie avec des compagnons manifestant l'espoir, la bonne humeur et le courage!

Cela fait pitié de constater combien les visages des jeunes gens de nos grandes villes sont tristes, sérieux et soucieux. Pourquoi une jeune vie devrait-elle être attristée par l'inquiétude, les soucis et la crainte? Qu'ont à faire avec la jeunesse les cheveux gris, les rides, la tristesse et l'esprit morose?

Si nous vivions une vie normale et naturelle, nous transporterions la jeunesse dans l'âge mûr et la vieillesse. Il ne devrait pas y avoir de cheveux gris prématurés, ni aucun signe de décrépitude sur de jeunes visages.

«La gaîté, dit Ruskin, est aussi naturelle au cœur de l'homme en bonne santé que la couleur sur ses joues; où règne une tristesse habituelle, il doit y avoir un air vicié, une nourriture malsaine, un travail trop intensif, ou une mauvaise manière de vivre.»

«J'ai résolu de ne plus donner aucune place à l'inquiétude, à la crainte et à la dépression», disait Florence Morse Kingsley.

Nous pouvons éduquer notre volonté de façon qu'elle fixe nos pensées sur le bon côté des choses, et sur des objets qui élèvent l'âme; elle prendra ainsi l'habitude du bonheur et de la bonté qui enrichira toute la vie. L'habitude de tirer le meilleur parti des choses, et d'en voir toujours le bon côté, est une fortune en elle-même.

«Le bonheur devrait être recherché comme un devoir envers les autres pour le bénéfice de soi-même, et pour soi, comme un bénéfice pour les autres. Le bonheur devrait être un moyen et un but. Sans une bonne conscience, une bonne conduite, il n'y a point de bonheur.»

Quand les hommes comprendront-ils que la simple excitation des nerfs, la dissipation, ou toute espèce d'excès, ne peuvent rien amener d'autre qu'une réaction déprimante et un affaiblissement du respect qu'on se doit à soi-même? Le vrai bonheur dépend de l'honnêteté. Il est fait de bienveillance, de bonté et d'amabilité.

«Le bonheur, dit un auteur compétent, est le plus grand paradoxe de la nature. Il peut croître dans tous les sols, et vivre dans toutes les conditions. Il défie l'environnement. Il vient du dedans; il est la révélation des profondeurs de la vie intérieure, comme la lumière et la chaleur révèlent le soleil d'où elles émanent. Le bonheur ne consiste pas à *avoir*, mais à *être*; non à *posséder*, mais à *jouir*. Il est la douce chaleur d'un cœur en paix avec lui-même. Un martyr sur le bûcher peut posséder un bonheur qu'un roi sur son trône envierait. L'homme est le créateur de son propre bonheur; le bonheur est l'arôme d'une vie vécue en harmonie avec un haut idéal. Ce qu'un homme a, il peut le devoir aux autres; ce qu'il *est*, appartient à lui seul. Ce qu'il obtient dans la vie est une acquisition; ce qu'il atteint est un développement. Le bonheur est la joie d'une âme en possession de l'intangible.»

«Nous prenons moins de peine pour être heureux que pour le paraître.»

Il est du devoir de chacun de cultiver une nature joyeuse, un regard aimable, le pouvoir d'irradier la bonne volonté envers tous. Cela n'illuminera pas seulement la vie des autres, mais l'action réflexe de cet effort bienveillant servira à développer une personnalité exquise, une beauté de caractère, une égalité d'âme et une sérénité qui comptent parmi les plus grands bienfaits.

«Soyez joyeux! Quand vous aurez dit tout ce qu'il y a à dire sur les tristesses de la vie, sur ses désappointements et ses peines, son égoïsme et ses torts, sur la courte durée de ses jours et la longue durée de ses nuits, il n'en restera pas moins heureusement vrai que l'univers résonne du chant de la joie», disait un auteur réconfortant.

«Soyez joyeux pour la beauté du printemps, le bleu du ciel, le chant des oiseaux, et la gloire des couchers de soleil. Écoutez le rire des petits enfants, répondez à la poignée de main de l'amitié, réchauffez-vous à la chaleur de tant de foyers heureux, et soyez sûrs que, quelque part, au-dessus de tout, il y a un grand Amour qui rend toutes ces choses possibles. Notez les nobles vies qui existent autour de vous, dans d'humbles conditions peut-être, et qui sont sans égoïsme, braves et vraies. Notez le tranquille sacrifice de soi-même, l'élan de bonté humaine partout où il y a de la souffrance, les efforts faits pour mettre à l'abri les faibles et les incapables, et croyez, si vous le pouvez, que le royaume du Christ n'est pas venu dans les cœurs des enfants des hommes!

«Oh! renoncez à la mélancolie, au chagrin et à la plainte! Faites l'œuvre du Christ, confiez-vous en ses promesses et soyez joyeux!»

Un des meilleurs éléments de succès est d'apprendre, dès l'enfance, à penser que le meilleur et non le pire arrivera; que nous ne sommes pas de pauvres misérables créatures, ligotées par les ennemis de notre joie et de notre bonheur, mais que nous avons été créés pour être heureux, pour être libres à l'égard des soucis harassants, de la crainte et des pressentiments; que nous ne sommes pas faits pour nous tourmenter et projeter de noirs tableaux, mais pour en créer de beaux et de lumineux.

Ne vous permettez pas de rien lire, entendre, ou dire, qui puisse produire la discorde, ou troubler votre paix et votre harmonie intérieures.

«Découvrez, aussi vite que possible, ce dont vous êtes capables, et faites-le de tout votre pouvoir, en comptant sur le succès, sans égard pour les obstacles que vous pourrez rencontrer, disait Ella Wheeler Wilcox. Cultivez une philosophie de la pensée. Si vous n'avez pas ce que vous aimez, aimez ce que vous avez, jusqu'à ce que vous puissiez changer votre milieu.

«Ne détruisez pas votre vitalité en haïssant votre vie; trouvez en elle quelque chose qui vaille la peine d'en jouir, pendant que vous travaillerez à la faire ce que vous désirez qu'elle soit. Réjouissez-vous en quelque chose chaque jour, car le cerveau prend des habitudes, et vous ne pouvez lui enseigner à être heureux en un moment, si vous lui permettez d'être malheureux pendant des années.»

Nous ne devrions pas mieux garder de sombres tableaux dans notre esprit, que nous ne tolérerions un voleur dans notre maison. Nous devrions nous souvenir que des pensées tristes sont pires que des voleurs, car elles nous dérobent notre paix, notre bonheur, notre contentement d'esprit. Ces noirs ennemis, ces hôtes discordants, laissent leurs empreintes sur la maison, qui est cependant belle au dedans. Il est presque impossible de les exclure lorsqu'on les a laissé pénétrer, mais il est comparativement aisé de les empêcher d'entrer, lorsqu'on a appris le secret de les exclure.

Nous devrions apprendre que ces ennemis n'ont aucun droit à s'introduire dans notre conscience. Traitons-les comme des malfaiteurs, repoussons-les immédiatement, et ne leur permettons pas d'étaler leurs noires peintures sur nos murs.

«Il n'y a pas une personne sur cent qui ait le droit d'être mélancolique. Il n'y a pas de chose au monde qu'on prodigue plus que les larmes, et nous devrions tout autant avoir honte d'être malheureux, que de n'être pas lavés. Les deux états indiquent une soumission vile à la malpropreté de la vie, au lieu d'un effort énergique pour nous soustraire à ses côtés déplaisants.»

Quelles que soient sa vocation et ses conditions de vie, tout homme se doit à lui-même, et doit au monde, de prendre l'habitude d'être aussi heureux que possible. Le bonheur signifie l'harmonie, et l'harmonie signifie l'action productrice. Les facultés rendent leur maximum quand elles sont dans un état normal. C'est pourquoi, se maintenir heureux est la meilleure économie et le plus sûr placement; cela assure le meilleur rendement du cerveau et du corps.

Avez-vous jamais pensé à la puissance magique qu'a le bonheur pour guérir les troubles, les épreuves et les soucis? Le bonheur est aussi un grand guérisseur, parce que toute maladie provient d'un désordre, et que le bonheur est l'harmonie, la vérité et la beauté.

Le temps viendra où nos médecins prescriront le bonheur comme le grand remède, et nous apprendrons comment nous pouvons être gais et heureux, même au sein des conditions les plus défavorables, en neutralisant les causes de discorde.

«La santé et la bonne humeur, disait Massillon, sont pour le corps humain ce que la lumière du soleil est pour la végétation.»

L'homme qui est habituellement triste ou mélancolique l'est parce que ses pensées sont tristes et mélancoliques. En changeant ses pensées contre des pensées opposées, il obtiendra des résultats opposés. Notre état mental provient en grande partie d'une habitude qu'il n'est pas très difficile de changer.

«Le bonheur, comme le prouvent des siècles d'expériences, est simplement l'harmonie d'une vie bien ordonnée, dit M. J. Savage, et chaque fois que vous violez une loi du corps, de l'esprit ou de l'intelligence, vous diminuez votre possibilité d'être heureux, tout comme lorsque vous gâtez un orgue, vous l'empêchez de produire des sons.»

«Si vous pensez souvent au bonheur, il vous deviendra habituel et vous aidera puissamment à faire le bien, disait Margaret Stowe. Nous pouvons cultiver l'habitude de toujours regarder le bon côté des choses. Nous avons tous la faculté d'exercer notre volonté de manière à diriger nos pensées sur ce qui peut nous conduire au bonheur et au développement de notre être.»

«Si nous essayons toujours de paraître heureux et aimables, que nous le sentions ou non, notre effort se transformera graduellement en habitude.»

Nous pouvons former cette habitude du bonheur en faisant cas des plus petits plaisirs, sans attendre de grandes joies.

«C'est seulement de temps en temps qu'une comète se montre dans le ciel, mais le soleil est une bénédiction de chaque jour, disait quelqu'un, et ce serait une plante stupide que celle qui attendrait l'apparition d'une comète pour fleurir. Il y a peu de chance qu'une grande joie vous soit accordée aujourd'hui, mais la journée vous apportera une quantité de petits plaisirs. Tirez parti de chacun d'eux. Jouissez de la lettre affectueuse que vous apportera le courrier du matin, de la chambre confortable dans laquelle vous travaillez, de l'agréable connaissance que vous avez eu l'occasion de faire, de la chance que vous avez eue de pouvoir dire un mot encourageant à la jeune domestique qui souffre du mal du pays. Il n'y a aucun mystère dans le bonheur; ce n'est pas une affaire de chance comme beaucoup le pensent; c'est la chose la plus pratique du monde et celui qui a appris à tirer parti des petites bénédictions de chaque jour, en a découvert le secret.»

Beaucoup de personnes ne prennent jamais le temps de jouir des choses agréables de la vie. Elles foulent aux pieds les violettes et les primevères pour essayer d'attraper les plus belles fleurs de la vie. Elles font des efforts pour atteindre les grandes choses, quand ce sont les petites choses, les petites jouissances que nous rencontrons le long de la route, qui rendent la vie heureuse.

Si la vie ne vous a pas donné tout ce que vous en attendiez dans votre jeunesse, cela ne signifie pas qu'elle soit désappointante, cela veut dire que vous n'avez pas su prendre l'habitude du bonheur, que vous n'avez pas appris à apprécier la vie telle qu'elle se présentait. Vous ne savez probablement pas extraire la dixième partie du bonheur que vous offre le moment présent.

Vous pouvez penser que votre vie est bien monotone, insipide; cependant, tout près de vous, d'autres ont la même vie et savent en tirer du bonheur; ces personnes estiment que la vie est une route glorieuse, et non une meule qui écrase. Elles font de leur travail un jeu, tandis que vous faites du vôtre une corvée. Elles y trouvent de la joie, tandis que vous ne savez rien y voir d'intéressant.

D'autres savent trouver plus de gloire dans l'herbe que vous foulez sous vos pieds, et dans les petites fleurs auxquelles vous ne prêtez aucune attention, que vous n'en trouveriez dans les jardins d'un roi. Des gens vivant près de vous, sont peut-être plus heureux dans leur demeure sans tapis et sans tableaux, que vous ne le seriez dans un palais, car chez eux demeurent l'amour et le contentement, une douce sympathie, tandis que dans votre maison il n'y a qu'égoïsme, cupidité et mécontentement.

Des milliers de personnes ont pris l'habitude d'être malheureuses, et il semble que rien ne pourra la leur faire passer.

«Celui qui n'est pas né musicien doit travailler bien plus assidûment pour acquérir quelque habileté dans cet art que celui qui a naturellement le génie de la musique. Ainsi l'homme qui n'a pas de propension à la joie a besoin de se mettre à l'œuvre pour acquérir l'habitude du bonheur», a dit un écrivain bien connu. Je crois que cela est possible. Aux être tristes, inquiets ou mécontents, je voudrais dire: «Commencez chaque journée en prenant la résolution de découvrir quelque chose dont vous pourrez jouir. Cherchez, dans chacune des expériences que vous ferez, à trouver quelque parcelle de bonheur. Vous serez surpris de voir combien ce qui vous a paru désagréable possédait un côté instructif ou amusant.

«Cultivez le bonheur comme un art ou une science.»

CHAPITRE XII
Les joies de l'amitié

Il n'est pas de trésor, de bien plus précieux,
Plus pur que l'amitié. Qui connaît sa puissance?
Ami, écoute-moi. Elle est la confiance,
Et la sécurité; c'est le bonheur pour deux;
C'est, pour des cœurs unis, une solide armure;
    C'est la richesse la plus pure.

J'irais en enfer, s'il existe un tel lieu, avec un ami de mon choix, mais je ne voudrais pas aller au ciel, malgré toutes les descriptions que j'en ai lues, si cet ami devait rester dehors», disait le Dr Minot J. Savage au cours d'un sermon sur les bienfaits de l'amitié.

L'intimité que crée l'amitié révèle les secrets profonds de nos cœurs.

Y a-t-il quelque chose de plus sacré dans ce monde que l'amitié dévouée et sans égoïsme, et cependant, y a-t-il une chose que nous négligions autant de cultiver et de conserver?

Une des raisons pour lesquelles tant de personnes ont si peu d'amis, est qu'elles donnent peu et attendent tout des autres. Si vous cultivez en vous des qualités attrayantes et aimables, les amis viendront en foule.

Bien des gens s'occupent de toutes espèces de choses et ne donnent à leurs amis que des bribes de leur temps, quand ils devraient au contraire en faire une affaire importante. Nos amis n'en valent-ils pas la peine?

Y a-t-il rien de plus beau dans ce monde que la certitude de posséder des amis loyaux, dont l'affection ne sera influencée ni par la fortune, ni par la pauvreté, des amis qui nous aiment encore plus dans l'adversité que dans la prospérité!

Ah! il n'y a rien qui stimule, qui aide et rende heureux comme un véritable ami. Cicéron pouvait bien dire: «Ceux qui enlèveraient l'amitié de la vie feraient tout aussi bien d'enlever le soleil du monde, car nous n'avons rien reçu de meilleur des dieux immortels, rien de plus délicieux.»

Qu'il fait bon d'avoir des amis enthousiastes, qui s'occupent toujours de nos intérêts, qui travaillent pour nous en tout temps, qui nous supportent, nous défendent en notre absence, qui masquent nos points faibles, arrêtent les médisances, détruisent les mensonges qui nous nuiraient, corrigent les impressions fausses, essayent de nous maintenir dans le bon chemin, surmontent le préjudice causé par quelque erreur commise ou quelque mauvaise impression faite dans un moment défavorable, qui sont toujours occupés à nous aider ou à nous encourager!

Quelle triste figure nous ferions, la plupart d'entre nous, sans nos amis! Quelle triste réputation nous aurions sans nos amis qui ont paré les coups, et nous ont prodigué le baume qui adoucit les cruelles blessures faites par le monde! Beaucoup d'entre nous seraient aussi plus pauvres financièrement, sans les amis qui nous ont envoyé des clients ou procuré des affaires, et qui nous ont toujours favorisés de tout leur pouvoir.

Oh! quel bienfait sont nos amis pour nos idiosyncrasies, nos déficits, et en général tous nos manquements! Comme ils savent couvrir nos fautes et nos défauts du manteau de leur charité!

Que ce monde serait triste et froid, vide, insipide, stupide, sans les amis qui croient en nous-mêmes quand tout le monde nous accuse, qui nous aiment, non pour ce que nous possédons, mais pour ce que nous sommes!

Ceux qui nous apprécient, qui accroissent au lieu de la détruire notre confiance en nous-mêmes, doublent notre énergie et notre force. En leur présence, nous nous sentons capables de tout. C'était un des secrets de la merveilleuse influence qu'exerçait Phillips Brooks. Plein d'une foi invincible dans les possibilités renfermées en tout homme il éveillait dans le plus médiocre jeune homme la force qui dormait en lui, à tel point que celui-ci se sentait presque un géant en sa présence, et trouvait en lui-même le courage de faire des choses dont il ne se serait jamais cru capable. Il avait l'heureuse faculté d'éveiller chez les autres le sentiment de leur dignité innée — un sentiment aussi différent de l'égoïsme que la lumière est différente des ténèbres — , de fortifier leur confiance en leurs propres forces, d'éveiller leur enthousiasme pour la poursuite du bien. Il faisait sentir à ceux qui entraient en contact avec lui que c'est vil et méprisable de regarder en bas quand on peut regarder en haut, de ramper quand on peut s'élever, de faire le moins quand on peut faire le plus. En sa présence, les timides devenaient audacieux, les vacillants trouvaient leur équilibre, les négatifs devenaient positifs.

Qui pourra estimer la valeur d'une influence pareille? Nos meilleurs amis ne nous font jamais sentir notre infériorité ou nos faiblesses. Au contraire, ils nous aident toujours à nous élever, à aller de l'avant.

Oh! comme un ami a su changer la vie de plusieurs d'entre nous! Combien de personnes ont été préservées du désespoir et du découragement par un ami loyal et fort. Combien d'hommes et de femmes ont été sauvés du suicide par la pensée que quelqu'un les aimait, croyait en eux; combien ont préféré souffrir des tortures, plutôt que de déshonorer ou de désappointer leurs amis! La pression d'une main amie, ou une parole encourageante, amicale, ont souvent été le point tournant d'une vie.

Qu'y a-t-il de plus sacré au monde que nos amitiés? Une des choses les plus touchantes que je connaisse est la manière dont un ami exerce ses bons offices envers celui qui ne sait pas être un ami pour lui-même, celui qui a perdu le respect, la maîtrise de soi-même et s'est ravalé au rang de la brute! Ah! c'est un vrai ami que celui qui prend ainsi soin de nous quand nous ne savons plus prendre soin de nous-même! J'ai connu quelqu'un qui est ainsi resté l'ami d'un homme devenu l'esclave de la boisson et de toutes sortes d'autres vices, à tel point que même sa famille l'avait abandonné. Cet ami le suivait dans ses nuits de débauche, et plus d'une fois le sauva de la mort alors qu'il était dans un tel état d'ébriété qu'il ne pouvait plus se tenir debout. Combien de fois cet ami quitta sa demeure pour l'aller chercher dans les bouges, pour le préserver de tomber entre les mains de la police, et l'empêcher de mourir de froid quand tout le monde l'avait abandonné ! Ce grand amour releva enfin l'homme tombé, qui put recommencer sa vie décente et rentrer dans sa famille. Aucune fortune peut-elle égaler une semblable amitié ?

Rien ne peut égaler les délices suprêmes
Que savent éveiller les sources de l'esprit;
Bienheureux l'ignorant, par son ami instruit;
Heureux aussi celui qui sait, parce qu'il aime.

L'amitié qui recule devant la nécessité de dire la vérité, et ne peut souffrir de causer de la peine quand la justice le réclame, ne peut égaler celle qui est absolument juste, franche et sincère. La sincérité est la base de l'amitié.

Beaucoup de personnes semblent croire que leurs amis sont un simple incident de leur vie, qu'il ne vaut pas la peine de faire des sacrifices pour les conserver. Le résultat est que leurs vies sont infructueuses et peu satisfaisantes.

Nul ne vit, dans le vrai sens du terme, s'il n'a pas plusieurs amis. Nul ne peut recevoir beaucoup de la vie s'il la passe absolument seul. C'est le contact vital, la douce et agréable communion avec nos semblables, qui donnent à notre vie sa valeur.

Une des raisons pour lesquelles tant de gens sont désappointés de ce que leur vie leur apporte, c'est qu'ils n'ont jamais cherché à se faire des amis.

Quelqu'un a très bien dit que le bonheur est le besoin de donner, tandis que le malheur est le besoin de recevoir.

L'amitié est un échange des qualités du cœur; elle ne profite pas à un seul. Il ne peut y avoir de réelle amitié sans réciprocité. Nul ne peut, en recevant tout et en ne donnant rien, ou en donnant tout et en ne recevant rien, s'attendre à éprouver toutes les joies et l'enrichissement que procure une vraie amitié.

«Plus d'un cœur est affamé et misérable, simplement parce qu'il n'a pas d'amis. Il y a dans l'amitié un baume qui peut guérir des milliers de blessures. Il y a dans la tendre sympathie d'un ami une puissance qui peut dissiper le désespoir, et faire luire le soleil de l'espoir, de telle sorte que la vie en soit transformée.»

Combien d'hommes et de femmes, affamés d'affection, s'en vont dans la vie avec une sensation d'isolement, simplement parce que quelque chose dans leur personnalité repousse! Ces personnes sont ordinairement fières et très sensibles, et elles s'étonnent de ce qu'on les évite, mais elles n'ont jamais pris la peine de s'étudier elles-mêmes, et d'en trouver la raison.

L'amitié a pour base l'admiration. Beaucoup de gens ne peuvent avoir de grandes amitiés parce qu'ils n'ont pas eux-mêmes les qualités qui attirent les nobles qualités des autres. Si vous êtes intolérant, si vous manquez de charité, de cordialité, si vous êtes étroit, peu sympathique, vous ne pouvez vous attendre à ce que des caractères généreux, au cœur large et noble, puissent vous aimer.

Un heureux tempérament, le désir de répandre la joie et la gaîté autour de soi, d'aider les autres, sont de puissants facteurs d'amitié. Les vertus qui enrichissent le cœur proviennent d'une disposition à la douceur, d'une âme ensoleillée et bienveillante. Il y a des personnes qui répandent le soleil et la joie partout où elles vont; elles font fuir les ténèbres et illuminent les cœurs meurtris.

Combien nous hâterions le millenium si nous pouvions seulement voir un frère dans la plus misérable créature humaine, si nous pouvions considérer les autres comme la Charité le fait, elle qui sait voir Dieu dans le plus vil des hommes, un philanthrope dans le plus misérable, un héros dans le plus grand lâche, et qui dit toujours: «Ne condamnez pas cet homme; il y a en lui quelque chose de divin qui peut être éveillé.»

Si vous voulez être heureux, cultivez une nature ouverte, des manières aimables et gaies, un esprit joyeux; ne soyez pas avare de vos louanges, de votre cordialité, de votre aide. Donnez le meilleur de vous-même à tout individu, en toute occasion. Apprenez à dire aux gens des choses agréables, faites des actions généreuses, et vous serez surpris de voir combien votre vie s'élargira, comme votre âme se répandra, et à quel point tout votre être sera enrichi et ennobli.

Ne craignez pas de dire à vos amis que vous les aimez. Parlez-leur des qualités que vous admirez en eux. Ne présumez pas trop de vos affections. Ne permettez pas qu'elles soient mises à l'épreuve par de trop longues absences sans communications. Voyez vos amis le plus souvent possible.

C'est seulement celui qui *perd* sa vie, qui la *donne* royalement aux autres, qui la trouve. Ce sont les semailles qui donnent la plus riche moisson. L'homme reçoit tout ce qu'il peut, et ne donne rien, ne connaît pas les vraies richesses. Il ressemble au fermier qui trouve que son grain a trop de valeur pour le semer dans la terre et préfère le garder dans son grenier; il agit ainsi parce qu'il ne sait pas voir la moisson dans la semence. La question n'est pas de savoir combien nous avons reçu dans ce monde, mais combien nous avons aidé les autres à recevoir.

L'homme le plus riche qui ait vécu sur le continent américain est peut-être Abraham Lincoln, parce qu'il s'est donné lui-même à son peuple. Il n'essaya pas de vendre son habileté au plus offrant. Les gros dividendes n'exerçaient sur lui aucun attrait. Lincoln vit dans l'histoire parce qu'il pensait plus à ses amis — et tous ses compatriotes étaient ses amis — qu'à son porte-monnaie. Il s'est donné lui-même à son pays, comme un sage fermier donne sa semence à la terre, et quelle moisson est issue de cette semence! Personne n'en verra la fin.

Un des plus tristes effets de la vie intensive américaine est le terrible massacre d'amitiés que font nos chasseurs de dollars.

Y a-t-il rien de plus triste que d'avoir beaucoup d'argent mais point de vrais amis? Que vaut cette chose que nous appelons le succès si nous lui avons sacrifié nos amitiés, les choses les plus sacrées de la vie? Nous pouvons avoir beaucoup de connaissances, mais les connaissances ne sont pas des amis. De nos jours, il ne manque pas de gens riches qui ne connaissent pas le luxe d'une vraie amitié.

La capacité de se faire des amis est le meilleur témoignage rendu au caractère. Nous avons instinctivement confiance en ceux qui tiennent à leurs amis, envers et contre tout. C'est l'indication qu'ils possèdent de splendides qualités. Les gens mauvais sont incapables d'avoir de vrais amis.

C'est à l'effet qu'ils produisent sur le caractère qu'on peut estimer les amis à leur réelle valeur. Le Dr Hillis dit que «la destinée est influencée par l'amitié; la fortune d'un jeune homme est faite ou compromise, suivant les compagnons qu'il choisit». Notre caractère est influencé par les amis auxquels nous nous attachons. Nous arborons leurs couleurs, nous acquérons leurs qualités, qu'elles soient bonnes ou mauvaises. «Les hommes deviennent faux, dit Charles Kingsley, quand ils vivent avec des menteurs, cyniques, lorsqu'ils vivent avec des blasphémateurs, affectés, quand ils sont en contact avec des gens affectés; ils prennent l'expression des visages avec lesquels ils vivent.»

Nous ne possédons que ce que nous donnons. Nos amis sont la moisson de l'affection que nous avons semée. Si la semence est pauvre, la moisson sera pauvre. L'homme qui est riche en amis a semé richement de la sympathie, de l'intérêt, de l'admiration, de l'aide, de l'amour.

«Nos amis, s'ils sont nombreux et sincères, peuvent ajouter bien plus à la richesse et au bonheur de notre existence, que toutes les richesses des Indes.»

«Le but de l'amitié, disait Sénèque, est d'avoir quelqu'un qui me soit plus cher que moi-même, et pour le salut duquel je donnerais joyeusement ma vie. Seuls, les hommes sages peuvent être des amis; les autres ne sont que des compagnons.»

«L'amitié est une voie ouverte au bonheur. J'ai toujours pensé, dit Ella Wheeler Wilcox, qu'une riche nature est capable de cultiver plusieurs vraies amitiés. Un ami vous est cher pour une raison, l'autre pour une autre raison. Les amitiés sont la bibliothèque du cœur. L'ami sérieux est le livre de philosophie; l'ami gai, le livre de l'esprit; et le poète, l'auteur et l'historien y sont aussi représentés. De même que, dans notre bibliothèque, aucun livre ne nuit à l'autre, ainsi aucun ami ne peut nuire à l'autre dans notre cœur.»

«Mais vous pouvez rencontrer des amis qui ne sont pas sincères, et dont l'amitié n'est qu'un nom, me dit le pessimiste. Vous aurez des désillusions, et elles vous seront plus amères qu'aucune amitié ne pourrait vous êtes douce. Restez seul avec vous-même, et évitez de vous livrer à une rêverie inutile.»

«En dépit de tout, je poursuivis ma route et formai bien des liens d'amitié. Quelques-uns furent brisés et je souffris; mais j'appris une grande vérité, qui est toujours restée gravée dans mon cœur: être un véritable ami, et se sentir digne d'une vraie amitié, voilà la route qui conduit au bonheur vrai et durable.»

Saurais-tu distinguer un véritable ami
Du flatteur dangereux qui n'est qu'un ennemi?
Écoute: Quand, un jour pour toi sonnera l'heure
Où le chagrin viendra s'asseoir à ta demeure,
L'ami toujours fidèle essuyera tes yeux;
Pour veiller, pour souffrir, vous serez toujours deux.

(Imité de Shakespeare par L. Dunand.)

CHAPITRE XIII
La tragédie des joies différées

«Le moulin ne moudra jamais avec l'eau qui a déjà passé.»

Il y avait une fois un très brillant et charmant jeune homme qui décida d'employer la première moitié de sa vie à amasser un million, et le reste à jouir de ce qu'il aurait amassé. Il résolut de sacrifier tout ce qui l'empêcherait d'atteindre son but. Il fit taire le désir ardent qu'il avait de faire de la musique, et se refusa tout incursion dans l'art, dans tout ce qui aurait pu satisfaire les goûts de sa nature artistique et raffinée. Plus tard, disait-il, je m'accorderai toutes ces jouissances.

Mais lorsque ce jeune homme eut gagné son million, il désira en amasser un second, en travaillant quelques années de plus. Quand les deux millions furent en sa possession, son ambition s'était encore considérablement accrue, et réclamait toujours davantage. Il résolut cependant d'en rester là, et de jouir de ce qu'il avait amassé; mais il découvrit bientôt qu'il était devenu l'esclave de son ambition, qui ne lui laissait aucun repos, et il continua à travailler, en refoulant toujours sa nature supérieure, jusqu'a ce qu'un jour, il se vit dans un miroir tel qu'il était. Il fut peiné de constater que ses cheveux étaient déjà gris, que son visage avait des rides, et que sa taille se courbait. Pendant un moment, il ne put en croire ses yeux; mais il dut se rendre à l'évidence; il résolut alors de cesser sa chasse aux millions, et de jouir enfin de la vie.

Il s'aperçut bien vite, cependant, qu'il avait perdu le goût de ce qui était le but de ses aspirations juvéniles. Lorsqu'il commença à voyager, il dut constater que les chefs-d'œuvre d'architecture, de peinture, de sculpture, dont il se promettait autrefois tant de jouissance, étaient maintenant un livre fermé pour lui, parce que ses facultés esthétiques, étant restées si longtemps sans emploi, s'étaient atrophiées.

Il résolut alors de s'entourer d'amis. Mais la faculté d'aimer avait été absorbée par ses affaires. Il avait sacrifié ses amitiés à la poursuite de la fortune. Il pensa alors que son premier amour, la musique, ne s'était au moins pas éteint en lui, et il alla partout où il pouvait entendre de belles œuvres. Mais il découvrit bientôt que les affaires avaient aussi tué son sens musical. Dans son désespoir, il essaya de tout pour découvrir ce qui pourrait l'intéresser et le rendre heureux, mais rien ne put lui procurer une jouissance durable. Il avait sacrifié sa jeunesse, sa santé, ses amis, ses goûts artistiques et littéraires, et il se trouvait maintenant posséder une fortune, sans pouvoir en jouir. Il avait l'argent, mais rien d'autre.

Que reste-t-il d'humain dans un être semblable? Les nobles, grandes et sublimes qualités qui constituent les êtres normaux, ceux qui ressemblent à Dieu, ont été détruites par l'amour de l'argent.

Le temps viendra où ces monstres humains, à fortunes colossales, seront considérés comme les ennemis de tout ce qui est élevé et noble, doux et pur dans la vie humaine. Les hommes et les femmes n'adoreront pas toujours le Veau d'or.

Le seul moyen d'être heureux est d'accueillir avec joie, au jour le jour, tout ce qui vient illuminer le chemin de notre existence. Renvoyer d'en jouir, jour après jour, année après année, jusqu'à ce que nous ayons acquis une meilleure position ou de la fortune, c'est nous priver, non seulement de la joie du moment présent, mais encore de la faculté de jouir dans l'avenir.

Une des plus grandes tragédies de la vie est le renvoi de la jouissance. Je crois qu'un des grands regrets de beaucoup de personnes approchant de la fin de leur existence, est de ne pas avoir vraiment vécu, d'avoir renvoyé les joies de la vie à plus tard, au lieu d'en jouir, comme elles venaient, au jour le jour.

Combien souvent nous voyons des jeunes s'élancer dans la vie avec un petit capital, et travailler pendant des années comme des esclaves, en mettant de côté tout plaisir et toute distraction, en se refusant le luxe d'une vacance, d'une soirée au théâtre ou au concert, l'achat d'un livre convoité, en se refusant même le temps de lire et de cultiver leur esprit, jusqu'à ce qu'ils aient plus de loisir et plus d'argent! Ils se déçoivent eux-mêmes par la pensée que plus tard ils pourront avoir une vie plus agréable et se permettre ce qu'ils se sont refusé jusqu'alors.

Lorsqu'à la fin le moment arrive où ils décident qu'ils peuvent s'accorder un peu de plaisir, ils commencent à voyager, essayent de jouir de la musique ou des œuvres d'art, ou encore de cultiver leur intelligence par la lecture et l'étude. Mais il est trop tard. Ils se sont figés dans la routine de la vie qu'ils se sont imposée.

Des vies semblables se comptent par centaines autour de nous. Des milliers d'hommes font naufrage nerveusement, se trouvent pratiquement sans amis et sans foyer, tout simplement parce qu'ils ont tout sacrifié à l'acquisition d'une fortune. En valait-elle la peine?

Combien de vies perdues pour avoir voulu sauver un chapeau, un paquet, etc., en s'élançant au-devant d'une automobile ou d'une voiture! Quelle folie! disons-nous, mais des milliers d'hommes ont perdu tout ce qui fait le charme de la vie pour avoir essayé de gagner quelques milliers de francs de plus.

La Nature tient un bazar à prix unique. Elle vous laisse choisir ce que vous voulez, mais vous en payez le prix, et souvent vous dédaignez ce qui aurait eu infiniment plus de valeur que ce que vous avez pris.

Combien prennent l'argent, mais laissent leur caractère en échange! Combien échangent leur habileté, leur éducation contre des billets de banque! Combien troquent tout ce qui est délicat, fin et doux dans leur nature contre ce qui ne peut que leur donner une grossière satisfaction, et nourrir leurs instincts les plus vils! Tandis que vous faites la chasse aux écus, votre virilité s'en va, votre caractère s'endurcit, votre sympathie pour vos semblables diminue, vos affections s'évanouissent. Vous découvrez que vous devenez toujours plus matériel, que les gens cultivés, bien élevés, ne vous intéressent plus autant qu'autrefois. Vous glissez sur la pente. L'amour de l'argent a rabaissé votre idéal.

Je connais des hommes d'affaires qui croient avoir bien réussi parce qu'ils ont amassé une fortune, et qui se reconnaîtraient à peine sur une photographie prise avant qu'ils se missent à la chasse aux écus. La diplomatie des affaires, la ruse, ont pris la place de leur ancienne droiture. Leur mot d'ordre: «Les affaires sont les affaires», a complètement changé leur vie, et remplacé les principes et les convictions.

L'homme qui cultive l'habitude de jouir, qui profite de toutes les occasions pour s'accorder un innocent plaisir, pour égayer et élargir sa vie en écoutant de la belle musique ou en contemplant quelque belle œuvre d'art, en étudiant les beautés de la nature ou en lisant des livres qui inspirent, se trouvera inconsciemment bien plus avancé dans la voie du succès. Il sera moins égoïste et moins avare, bien plus sympathique et plus en contact avec les autres, que celui qui se refuse toute jouissance et tout délassement jusqu'à ce qu'il ait amassé une fortune. Il n'y a rien de plus décevant que de croire que nous ferons demain quelque chose que nous croyons ne pas pouvoir faire aujourd'hui.

Miss Mulock l'a fort bien dit dans un de ses livres: «Personne ne sait voir ses propres bénédictions, et ouvrir son cœur pour en jouir, jusqu'à ce que l'heure dorée soit passée pour toujours. On découvre alors tout ce qu'on aurait pu avoir et faire.»

Combien de personnes se rendent esclaves, économisent sordidement pendant leurs meilleures années, en croyant fermement qu'elles seront préparées à jouir plus tard!

Oh! le déficit de la vie, les précieuses années perdues à se préparer à jouir plus tard! Oh! la désillusion de toujours renvoyer le moment de jouir jusqu'à ce que les tissus du corps se soient durcis, et que les nerfs aient perdu leur faculté de transmettre les sensations agréables.

Il semble étrange que les hommes d'affaires qui réussissent bien, ne soient pas capables de se rendre compte que, lorsqu'ils se retireront de leur vie active, ils auront besoin de s'être entraînés à s'occuper d'autre chose que de ce qui a constitué leur spécialité.

Après tout, quelles sont les choses dont les hommes espèrent jouir quand ils se retireront? Que ceux qui sont sur le point de le faire, se le demandent. Par exemple, si l'un d'eux répond: l'opéra, il y a grande chance qu'il s'y ennuie à mourir, s'il n'a pas développé son goût musical.

Qu'un homme d'affaires ordinaire choisisse les galeries de peinture, il sera fatigué de ces sortes de choses au bout de deux jours. Son esprit n'a pas été dirigé dans cette direction. La carrière des affaires n'a rien qui puisse développer le goût des chefs-d'œuvre de l'art.

Qu'il essaye alors de voyager. Sans doute, avant deux mois il sera fatigué de se transporter d'un lieu à un autre, et de vivre sans le confort et le luxe auquel il est habitué dans sa demeure.

Il pourra goûter pendant quelque temps la joie des sports, mais il en sera aussi bien vite fatigué. Il essayera peut-être de la philanthropie avec un désir sincère de venir en aide aux pauvres; mais son esprit retournera sans cesse à ses anciennes occupations. Les facultés qui, pendant tant d'années, ont été constamment maintenues en activité, le ramèneront toujours à ses affaires ou à sa profession.

Le grand secret du bonheur est d'apprendre à jouir au jour le jour. Chaque journée doit être un jour de vacance, dans le sens le plus élevé du mot. Peu importe le nombre de nos occupations, quelque chose doit être introduit dans l'expérience de chaque journée qui élargira et enrichira l'esprit. Chaque jour doit ajouter une nouvelle mesure de beauté et de joie à notre vie, avant qu'il fasse place au lendemain. Il n'a jamais été entendu qu'une seule partie de notre existence serait remplie de joie, tandis que le reste demeurerait stérile.

Cela ne sert à rien d'attendre pour jouir. Un auteur moderne dit: «On pourrait aussi bien chasser des papillons pour gagner sa vie, ou mettre le clair de lune en bouteille pour une nuit sombre! Le seul moyen d'être heureux est de récolter les miettes de bonheur que Dieu nous offre chaque jour. Le petit garçon doit apprendre à être heureux tout en étudiant ses leçons, l'apprenti en apprenant son métier, le marchand en faisant sa fortune, ou ils risquent de ne plus pouvoir jouir lorsqu'ils seront parvenus au faîte de leur ambition.»

«Une légende orientale raconte qu'un puissant génie promit à une jeune fille un présent d'une grande valeur, si elle voulait se rendre dans un champ de blé, le parcourir en tout sens, et y cueillir l'épi le plus gros et le plus mûr. Elle accepta, et traversa le champ dans toutes les directions; elle voyait partout des épis dignes d'être cueillis, mais elle continuait à chercher, espérant toujours en trouver un plus gros et plus beau. Elle arriva enfin dans une partie du champ où les épis étaient plus petits; elle dédaigna de les cueillir, et revint de l'autre côté sans avoir jeté son dévolu sur aucun.»

«Cette petite fable est la fidèle peinture de bien des gens, qui rejettent les bonnes choses qui sont sur leur chemin, et à leur portée, pour une autre chose, après laquelle ils soupirent, mais qu'ils n'atteignent jamais. Quand la nuit est noire et la place dangereuse, quand le chemin n'est pas sûr, une lanterne dans la main vaut mieux qu'une douzaine d'étoiles.»

Le garçon fréquentant l'école primaire croit qu'il sera heureux lorsqu'il entrera au collège; le collégien rêve au moment où il sera étudiant; l'étudiant ne vit que pour devenir professeur, et le jeune homme qui entre dans la carrière active regarde au temps heureux où il aura gagné assez d'argent pour s'acheter une jolie maison. Mais le temps qu'il met à atteindre ce but est tellement absorbé par ses occupations qu'il ne sait pas trouver le moment de jouir de la vie, et qu'il renvoie toute jouissance jusqu'au moment où il pourra se retirer des affaires.

Celui-là seul est heureux qui a appris à extraire le bonheur, non de conditions idéales, mais des conditions de la vie journalière.

«Si nous voulons voir la couleur de notre avenir, dit le diacre Farrar, nous devons la choisir dans le moment présent; si nous voulons contempler l'étoile de notre destinée, il nous faut déjà l'avoir dans notre cœur.»

La majorité d'entre nous traversent la vie les yeux fixés sur un but lointain, les nerfs tendus pour l'atteindre. Nous laissons passer, le long de la route, les beautés indescriptibles de la terre et du ciel, et d'innombrables occasions d'aider les autres, d'embellir et d'illuminer la vie journalière, mais nous ne les voyons pas. Inattentifs à tout ce qui ne touche pas au but désiré, nous arrivons enfin à notre destination, pour trouver quoi? Nous avons peut-être obtenu ce que nous désirions: la fortune, les secrets de la science, la réputation; nous avons satisfait notre ambition, mais au prix de tout ce qui adoucit, embellit, ennoblit et enrichit la vie.

Il est triste de voir un homme qui a concentré toute sa vie dans ses affaires, parce qu'il s'imaginait que cette fortune serait une panacée à tous ses maux, ressentir, après avoir réalisé cette fortune, toujours le même vide, le même mécontentement, les mêmes désirs non satisfaits. Partout nous rencontrons des hommes qui se sont voués à la vie commerciale pendant si longtemps, avec un tel zèle et un tel sérieux, qu'ils ont amoindri tous leurs plus nobles sentiments, tous les plus dignes attributs de leur nature. Ils sont devenus des automates-monnayeurs, des spécialistes du gain, et ne sont bons à rien d'autre. Ils sont malheureux dès qu'ils sortent de cette atmosphère. Leur fortune faite, ils n'ont rien à en retirer.

Peu importe le chiffre de votre fortune, Monsieur le Riche, vos jouissances proviendront des facultés et des qualités que vous aurez cultivées pendant le cours de votre carrière active. Si vous avez été bon et bienveillant, si vous avez été juste et généreux avec ceux qui vous ont aidé à gagner votre fortune, si vous avez développé la faculté de vous faire des amis, si vous avez été honnête et droit pendant votre période de gains, s'il n'y a aucun écu souillé dans vos piles, si, pour vous élever, vous n'avez foulé aux pieds personne, si vous avez développé votre bienfaisance et votre générosité, vous serez heureux.

N'est-il pas étrange qu'un homme égoïste et avare, pendant un quart de siècle, ose croire que la simple possession d'une fortune transformera toutes les habitudes de sa vie, et lui donnera les jouissances réservées à une plus noble existence?

«Nous traitons nos joies comme une de mes voisines traitait ses groseilles, écrit un auteur.

«Fais-nous un gâteau aux groseilles, disaient les enfants lorsque celles-ci commençaient à grossir. Mais la mère ne voulait pas entendre parler de les cueillir vertes; il fallait attendre qu'elles mûrissent. Quand les groseilles furent mûres, les enfants les réclamèrent pour la table, mais la mère décida qu'elle en ferait de la gelée. Quand le moment de faire la gelée fut venu, la mère voulut attendre d'avoir terminé ce qu'elle faisait, afin de pouvoir y consacrer tout son temps. Mais hélas! quand ce bienheureux moment fut arrivé, le soleil, les oiseaux et un orage inattendu avaient dépouillé tous les buissons!

«Voilà comment nous agissons avec les joies et les bénédictions de chaque jour. Nous disons: Oh! combien j'aimerais pouvoir jouir de ce moment, si... et nous laissons l'épreuve, les difficultés ou le souci l'empoisonner. Nous espérons toujours pouvoir, une fois, jouir véritablement de notre santé, de notre foyer, de nos amis; mais qui peut nous garantir que, lorsque ce jour si longtemps différé arrivera, le fruits seront encore aux buissons?»

CHAPITRE XIV
Joies intellectuelles et esthétiques

«Milton, l'aveugle, voyait de plus belles visions, et Beethoven, le sourd, entendait une musique bien plus céleste que tout ce que nous pouvons espérer voir ou entendre.»

«Si j'avais deux miches de pain, disait Mahomet, j'en vendrais une pour acheter des jacinthes pour nourrir mon âme.»

Le Président Elliot disait un jour à ses étudiants de Harvard: «Vous devez acquérir ici l'éducation qui vous rendra capables d'un labeur intellectuel rapide, intense et soutenu. C'est le but suprême de la vie de collège que d'acquérir cette force mentale, cette faculté d'observation, cette compréhension juste et cette pensée soutenue, tout ce que nous désignons enfin par la puissance de raisonnement, qui sera la principale source de vos joies intellectuelles et du bonheur, du contentement que vous pourrez éprouver dans une vie que je vous souhaite longue et bien employée.»

Je crois que la seule faculté d'appréciation peut accroître le bonheur humain de mille pour cent. La plupart des gens confondent le plaisir et le bonheur. Le plaisir n'est qu'une jouissance temporaire. Elle est peu de chose comparée à la satisfaction durable qui provient de l'appréciation d'un bon livre, de la culture intellectuelle, ou du développement des facultés mentales.

Il y a, dans une intelligence peu développée, des multitudes de portes fermées qui, si elles étaient ouvertes par l'éducation et la culture, enrichiraient considérablement la vie, et conduiraient au bonheur. Qui pourra estimer ce que signifie, pour un être humain amoureux de tout ce qui est beau, de voir s'ouvrir la porte de ses facultés esthétiques? Combien le développement, dans la jeunesse, de l'amour du beau rendrait plus vives les jouissances esthétiques dans le monde! Bien des gens traversent la vie, aveugles en ce qui concerne la beauté, parce que leur vision esthétique n'a pas été développée.

Nous ne jouissons que de ce que nous pouvons apprécier, et nous n'apprécions que ce qui est dans la ligne de notre éducation, de nos expériences ou de nos tendances héréditaires.

La musique, qui ravit une personne, peut ne rien dire à une autre. Un beau paysage, un glorieux coucher de soleil, un chef-d'œuvre d'art, enchantent un Ruskin, tandis qu'un autre homme n'en retirerait aucune jouissance.

Toute chose dans la vie a une signification spéciale, mais ne livre son secret qu'à l'âme capable de la comprendre. La musique ne signifie rien pour celui qui n'a pas l'oreille musicale. L'orgue le plus doux n'éveille rien chez ceux qui n'apprécient pas les lois de l'harmonie et de la mélodie; il ne parle qu'à ceux qui peuvent interpréter sa divine signification. Quel trésor de joies intellectuelles, surpassant tous les plaisirs des sens procurés par les choses matérielles, sont révélées quand la porte de la pensée s'ouvre! Peu importe la pauvreté du milieu, les insuccès, les mécomptes de l'individu, il peut alors s'élever au-dessus de toutes ces conditions défectueuses dans un monde de joies indescriptibles.

Pensez à ce que l'ouverture de cette porte signifie pour le monde des invalides, des estropiés, de ceux qui ne peuvent quitter leur lit, et même pour les infortunés prisonniers! Par la pensée, le plus misérable des criminels peut s'évader de sa cellule.

Les facultés intellectuelles et les énergies capables de créer de la beauté nous ont été données comme des moyens d'échapper aux milieux les plus décourageants, les plus déprimants. L'âme humaine ne peut être emprisonnée, ni abattue, par des conditions défectueuses. Aucun insuccès, aucun désastre ne peut empêcher un être humain de s'élever dans un paradis d'harmonie et de beauté, où son âme se détendra dans un monde créé par sa propre imagination. Et cependant, quelle école ou quel collège a jamais enseigné aux jeunes gens la merveilleuse possibilité de créer son propre monde idéal?

L'étude d'une fleur, d'une plante, d'un coucher de soleil, d'un beau paysage, allumait la flamme qui brillait dans l'âme esthétique d'un Ruskin, lui ouvrait un monde intérieur qui non seulement faisait la joie de sa vie, mais le rendait capable d'ouvrir la porte du bonheur pour une multitude d'autres vies. Une fois éveillée dans une âme humaine, la faculté de l'appréciation ne peut plus être détruite par aucune puissance du ciel, ni de la terre, et ses découvertes sont illimitées.

Benjamin West disait que sa vocation de peintre provenait d'un baiser que sa mère lui avait donné en le félicitant d'un dessin qu'il lui montrait. Ce baiser avait ouvert un monde nouveau, le monde de la beauté.

«Et moi aussi je suis peintre», s'écria le Corrège quand ses yeux contemplèrent la première fois la Sainte Cécile de Raphaël. Plus d'une âme d'artiste a été éveillée par la contemplation d'un chef-d'œuvre créé par un autre artiste. L'art est sans contredit un des plus purs et des plus nobles éléments du bonheur humain. «Il atteint l'intelligence par l'œil, et l'œil par l'intelligence. Comme le soleil colore la fleur, ainsi l'art colore la vie.»

La beauté est une force qui affirme, élève et sauve. L'amour du beau est un indice de supériorité, la marque d'une mentalité supérieure. Il indique que son possesseur s'est élevé au-dessus de la vie matérielle dans une région où il a eu une vision de son Dieu.

Pendant tout le temps de la jeunesse, et même plus tard dans la vie, de nouvelles portes conduisant à de nouvelles joies, s'ouvrent constamment, souvent par accident, par la suggestion d'un ami, la lecture d'un livre inspirateur, ou par la pensée. Comme George Herbert l'a écrit: «L'homme a plus de serviteurs qu'il ne se l'imagine.»

Les plaisirs qui proviennent de la satisfaction des sens, des appétits et des passions, sont de la boue comparés aux joies qui nous sont révélées dans le royaume de l'esprit. Les joies intellectuelles surpassent toutes les autres.

Tous ceux qui ont l'intelligence cultivée ne devraient jamais avoir un seul moment d'ennui ou de tristesse. L'homme à l'esprit cultivé est indépendant de son milieu. Si les choses sont désagréables, si les gens le fatiguent, si ceux qui l'entourent ne lui sont pas sympathiques, il peut s'élever au-dessus de tout cela, se retirer en lui-même, et se réjouir en exerçant ses facultés intellectuelles. Et, non seulement il peut échapper aux conditions les plus exaspérantes, mais en un instant, il peut se retirer dans un monde idéal créé par son imagination. Les ressources d'un esprit cultivé sont inépuisables.

Quelle jouissance, plus grande que toutes celles révélées à un monarque, éprouve un penseur en lisant un bon livre!

Que sont les plaisirs de la table, les plaisirs des sens, les joies que procure la richesse matérielle, comparés aux richesses que peut posséder la plus pauvre créature de la terre, si elle a développé son intelligence?

Comme Épictète le disait, aucune puissance ne peut nous priver des joies intellectuelles.

On a beaucoup exagéré l'influence qu'exercent sur nous les autres, ou les conditions dans lesquelles nous sommes appelés à vivre. Le fait est que notre bonheur ou notre malheur sont largement en notre pouvoir. La plus pauvre créature du monde a le pouvoir de faire venir en sa présence les plus grands poètes, qui lui chanteront leurs plus jolis chants, les plus grands historiens, qui lui révéleront le passé, les biographes, qui lui répéteront l'histoire de ceux qui ont triomphé du besoin et du malheur, qui ont surmonté les difficultés, et conquis une réputation immortelle.

Les efforts que fait une âme altérée de connaissance, qui soupire après une croissance intellectuelle, voilà la source la plus élevée de plaisir, parce qu'elle donne une satisfaction qui ne finit pas.

L'homme le plus grand est celui dont la suprême ambition est de faire quelque chose de sa vie, de s'enrichir par l'éducation, la culture et le travail personnels, jusqu'à ce que chaque fibre de son être devienne sensible à toute bonne influence.

Quelle joie peuvent éprouver ceux qui ont reçu une éducation supérieure et une grande culture intellectuelle, en aidant à ceux qui ont été privés de ces avantages, et dont l'âme soupire après une vie plus riche !

Une des plus beaux spectacles du monde est celui d'un adulte qui saisit toute occasion de combler les lacunes de son éducation intellectuelle, et qui emploie tous ses moments de loisir et toutes ses soirées à se développer.

Les occasions ne manquent pas; et de nos jours, où les livres sont si bon marché, où l'on peut s'instruire si facilement dans les cours du soir ou les bibliothèques gratuites, il n'y a vraiment aucune excuse pour ceux qui négligent d'user de toutes ces facultés de développement intellectuel et mental.

Rien ne donne une plus grande satisfaction dans la maturité que d'avoir pris systématiquement, dans la jeunesse, l'habitude de se développer intellectuellement, de telle sorte que ce développement devienne pour ainsi dire automatique.

Aucune époque de l'histoire n'a accordé autant de valeur à l'instruction que celle dans laquelle nous vivons.

Que d'excellentes occasions l'on a maintenant de transformer les moments de loisir en connaissance, c'est-à-dire en développement du caractère, en progrès, en force, en richesses que rien ne peut ôter, qu'aucun désastre ne peut enlever!

Il y a en tout être normal une soif divine de s'instruire, de grandir. Prenez garde de ne pas étouffer cette voix de la Nature.

L'homme a été créé pour se développer, pour être bien équilibré intellectuellement, et pour posséder la paix et la joie. C'est la raison d'être de son existence. L'ambition d'étendre chaque jour les limites de son savoir, de devenir un peu plus riche en connaissances intellectuelles, un peu plus sage, un peu plus viril, est la meilleure des ambitions.

Ce que vous retirerez de la vie correspondra à la culture de votre intelligence, à votre manière de penser, à votre habileté à découvrir de la beauté, de l'utilité, de la joie dans votre entourage, lors même qu'il vous paraît si commun, si sec, si mesquin et si dépourvu de charme. Si vous dites que la vie vous offre peu de chose, c'est que vous n'avez pas appris le secret d'en extraire les joies, les beautés, les agréments. L'âme qui aime la beauté la voit partout. Il n'y a pas un seul endroit dans l'univers où elle n'existe pas. Pensez aux merveilles que révèle le microscope, ou aux stupéfiants mystères que le télescope découvre dans les profondeurs de l'univers!

Un grand admirateur d'Agassiz lui envoya un jour un chèque de mille dollars pour qu'il pût voyager, collectionner et rapporter des choses utiles à la science. Mais Agassiz lui écrivit qu'il se proposait de passer ses vacances dans une arrière-cour, et là, sa grande intelligence découvrit des restes de fossiles et d'autres objets qui contribuèrent à l'enrichissement de la science. L'intelligence qui peut employer avec profit des journées à étudier une écaille de poisson, et des heures à examiner un grain de sable, ou un caillou retiré de l'océan, trouvera, dans le plus humble milieu, assez de matériaux pour former les sujets d'études de toute une vie.

Les choses dont nous n'usons jamais révolutionneraient, si elles étaient utilisées, nos vies tout entières. Ce que le plus intelligent d'entre nous utilise, n'est rien en comparaison de ce que nous perdons.

Dans tous les domaines, nous pouvons découvrir des merveilles qu'une vie entière d'études ne parviendrait pas à épuiser.

«Surveiller le grain qui pousse ou le bouton qui se forme, manier la charrue ou la bêche, lire, penser, aimer, prier, voilà, dit Ruskin, ce qui rend l'homme heureux.»

Nous apprécierions bien mieux toutes les facilités que nous possédons, si nous pouvions réaliser ce qu'éprouverait une personne aveugle aimant la beauté, en jetant un coup d'œil sur le monde merveilleux qui lui est fermé, et qui nous est ouvert à nous. Que ne donnerait-elle pas pour pouvoir contempler pendant quelques mois les beautés auxquelles nous sommes habitués! Regarder une fleur, jeter un coup d'œil sur le paysage qui nous est si familier que nous ne lui prêtons presque plus d'attention, que serait-ce pour un pauvre aveugle! Pouvoir regarder un visage humain, étudier sur ce visage le jeu de la pensée, du sentiment, lui procurerait une jouissance infinie, et pourtant, que nous savons peu apprécier ces privilèges!

Luther disait que le mot *paradis* pouvait s'appliquer à toute la terre; et pourquoi pas? Il n'y a pas un coin de l'univers que le Créateur n'ait orné d'une merveilleuse beauté. Dans les endroits que n'a foulés aucun pied humain, il y a la beauté des plantes, des fleurs, du cristal qui se forme, des oiseaux et des animaux. Tel paysage qu'aucun homme ne verra jamais prouve que le grand Auteur de l'Univers est un amant de «la beauté immortelle sans limites». Quel dommage qu'on n'enseigne pas à chaque enfant à lire «l'écriture de Dieu dans la beauté», en toutes choses et partout!

Il n'est pas un désir, pas un besoin humain, auquel il n'ait été pourvu par le Créateur; pourquoi donc nos vies sont-elles si mesquines, si limitées, si découragées, quand elles pourraient être si belles, si grandes, si sublimes?

L'amour du beau est une des caractéristiques fondamentales de l'esprit humain. Il se manifeste déjà dans les décorations rudimentaires du sauvage, et devient une passion qui grandit avec les progrès de la civilisation. Simplement *exister* n'a jamais été le but de la création de l'homme, mais bien *vivre* sublimement, intensément.

Pour l'homme qui a développé ses facultés intellectuelles et esthétiques, il y a des joies infinies dans les voyages.

Ruskin voyait un paradis partout où il allait. Chaque plante, chaque fleur, chaque spécimen nouveau de la vie végétale, chaque coucher de soleil, chaque paysage, étaient pour lui des hiéroglyphes divins dans lesquels il découvrait l'intelligence du grand Artiste de la beauté.

Supposez un John Ruskin parcourant le monde en compagnie d'un être à cerveau obtus, et dont la vie intellectuelle a été étouffée par un travail monotone et routinier! Pensez à la différence d'appréciations que feraient ces deux hommes: l'un, voyant la main de Dieu dans chaque feuille, un divin message dans chaque fleur; l'autre, dont les facultés endormies n'éprouvent rien en face des beautés de la nature ou des œuvres d'art! Seules les cellules servant à son travail quotidien ont été développées; toutes les autres dorment et vont s'amoindrissant d'année en année par défaut d'exercice et de stimulant. Un voyage dit bien peu de chose à un tel homme.

Environnés comme nous le sommes, par les sources réelles du bonheur qui ne coûte rien, qui n'a pas de limites, beaucoup d'entre nous permettent à leurs facultés les plus nobles de s'atrophier, et considèrent l'argent comme la principale source du bonheur. Mais mettre de l'argent dans une bourse est une bien piètre chose, en comparaison de mettre de la beauté dans sa vie, de cultiver ce qu'il y a de meilleur en soi. Cimenter de précieuses affections, reculer toujours plus les limites de l'ignorance, ouvrir la porte de la vie intellectuelle, élargir l'intelligence, développer les facultés immortelles de notre être, tout ceci prouvre une joie infiniment plus grande que poursuivre la fortune ou surexciter les sens.

La joie de vivre ne réside pas hors de nous, mais en nous. Elle réside dans la faculté d'apprécier, de faire nôtres les joies intellectuelles et esthétiques qui sont offertes à tous, qui lèvent au-dessus de la multitude ressemblant au bétail aveugle qui marche, dort et mange, et ne connaît que la satisfaction des appétits grossiers.

Pour l'homme qui a appris à penser, à extraire le miel de la vie de toutes sortes de sources, pour l'homme qui sait se servir de ses oreilles et de ses yeux, le manque d'argent a peu d'importance. S'il a une intelligence éveillée, une santé robuste et tous ses sens intacts, il peut dominer les circonstances extérieures. Il peut devenir très riche, mentalement, quoique pauvre de biens terrestres. Il peut être millionnaire en gaîté, en utilité et en noblesse de caractère. On a trop exagéré la puissance des biens matériels pour assurer le bonheur. L'attitude mentale juste, l'esprit cultivé, nous feront goûter les joies les meilleures.

CHAPITRE XV
«La lecture rend l'homme accompli.»
(BACON)

Trois choses seulement sont nécessaires pour rendre la vie heureuse: la bénédiction de Dieu, de bons livres et un ami.

LACORDAIRE

Si toutes les couronnes du monde m'étaient offertes en échange de mon amour de la leture, je les refuserais toutes dédaigneusement.

FÉNELON

Dans un certain village, raconte Sir John Herschel, un forgeron possédait le roman de Richardson intitulé *Paméla ou la vertu récompensée*. Il prit l'habitude, pendant les longues soirées d'hiver, de s'asseoir sur son enclume, et de le lire à haute voix à un auditoire attentif. Ce livre est très volumineux, mais tous écoutaient sérieusement. À la fin quand le héros et l'héroïne purent vivre ensemble longtemps et heureusement, selon l'habitude de ces sortes d'ouvrages, l'assistance fut si enchantée qu'elle poussa un *vivat* enthousiaste et, s'emparant des clefs de l'église, mit en branle les cloches de la paroisse.»

Les bons livres illuminent l'existence d'une multitude de gens. Rien, peut-être, n'a autant de pouvoir pour élever le pauvre au-dessus de sa pauvreté, le misérable au-dessus de sa misère, pour soulager le malade de ses souffrances, le désolé de son chagrin, pour retirer de son abjection celui qui est tombé, que les livres. Ils sont des amis pour les solitaires, des compagnons pour les isolés, un réconfort pour les découragés, pour les malheureux, une aide pour les désemparés. Ils mettent de la lumière dans les ténèbres, et du soleil dans l'ombre.

Combien de misérables et d'abandonnés ont trouvé un encouragement et un adoucissement à leur pauvreté et à leur misère, un soulagement à leurs sombres pensées, en se délectant de la lecture d'un bon livre.

Nous parlons beaucoup du renchérissement de la vie; cependant, jamais encore les pauvres n'ont pu obtenir à si bas prix les choses essentielles à leur existence, et même ce qui aurait semblé autrefois un luxe. Les productions des plus grands esprits n'ont jamais été livrées à un si bon compte. Les chefs-d'œuvre de la littérature qui, il y a un siècle, n'étaient à la portée que des riches, se trouvent maintenant dans les plus humbles foyers. L'imprimerie a mis les richesses littéraires à la portée des gens les plus pauvres.

Combien d'hommes et de femmes se plaignent de l'insuccès de leur vie, se sentent abattus, isolés de la société, et regrettent de n'avoir pas vu le monde, ou fait la connaissance de ceux qui ont tracé un sillon ici-bas! Ils ne réfléchissent pas qu'ils auraient pu facilement, pour quelques francs, s'assurer les amis les plus précieux, des hôtes qui auraient été les bienvenus dans les palais des princes!

Pourquoi vous plaindre de votre pauvreté, de votre mauvaise chance, quand vous pouvez, sans frais, passer la soirée avec les rois et les reines du monde, avec les plus nobles caractères, et sans embarras, sans timidité, vivre dans la société des plus grands esprits qui aient jamais vécu!

«Les plaisirs les plus purs que j'aie jamais goûtés, disait Richard Cobden, sont ceux qui sont accessibles à tous, c'est le calme entretien, par les livres, au coin de mon propre foyer, avec les êtres intelligents, et la communion avec les grands disparus.»

L'isolement, qu'il soit causé par la faiblesse physique ou par un tempérament peu sociable, est une des plus grandes sources de malheur; mais avec les livres on n'est plus jamais seul, et l'on peut vivre dans l'intimité des plus grandes personnalités.

«Les livres forment une délicieuse société, disait Gladstone; si vous entrez dans une chambre pleine de livres, même sans que vous les ôtiez de leurs rayons, ils vous parlent et vous souhaitent la bienvenue. Ils semblent vous dire qu'à l'intérieur de leurs couvertures, ils ont quelque chose de bon pour vous, et qu'ils désirent vous le communiquer.»

On raconte que Bunyan, pendant les années qu'il passa en prison, s'absorba à tel point dans quelques-uns des personnages de son *Voyage du Pèlerin*[1] et en fut si transporté que, dans son extase, il tombait à genoux et versait des larmes de joie. Son imagination transformait sa prison en un palais de la beauté. Les murailles de son cachot ne pouvaient emmurer son intelligence ou son imagination. Il vivait dans la ville de la Foire aux Vanités; il gravissait les montagnes merveilleuses. Des murs de pierre n'emprisonnent pas le bonheur que Bunyan goûtait.

Pensez à cet homme, enfermé pendant douze ans, et qui, en dépit de toutes ses souffrances, a laissé au monde le livre le plus lu, après la Bible!

«J'ai des amis, disait Pétrarque, dont la société m'est extrêmement agréable; ils sont de tous les âges et de tous les pays. Ils se sont distingués, soit dans les études, soit dans les arts, et ont obtenu beaucoup d'honneur par leur science. Je puis facilement avoir accès auprès d'eux, car ils sont toujours à mon service; je les admets dans ma compagnie lorsque cela me convient, ou les en éloigne à mon gré. Ils ne sont jamais ennuyeux, mais répondent immédiatement à toute question que je leur pose. Quelques-uns m'enseignent à vivre, d'autres à mourir. Quelques-uns, par leur enjouement, chassent mes soucis et m'égayent, tandis que d'autres me donnent de la force d'âme, et m'enseignent l'importante leçon qui consiste à restreindre mes désirs et à dépendre entièrement de moi-même. Ils m'ouvrent les avenues variées de l'art et des sciences, et sur leur information, je peux faire face à toutes les éventualités. En retour de leurs services, ils me demandent seulement de leur assurer une place commode dans quelque coin de mon habitation, où ils puissent reposer en paix; car ces amis préfèrent la tranquillité au tumulte de la société.»

Plusieurs de nos amis de choix se trouvent dans les feuillets de nos livres favoris. Nous vivons avec eux dans une plus grande intimité qu'avec tout autre être vivant. Nous leur ouvrons nos cœurs sans réserve.

Certaines personnes sont souvent honteuses d'être vues dans la compagnie de gens avec lesquels elles sont liées; elles cachent soigneusement leurs amitiés, mais elles sont franches lorsqu'elles choisissent des amis dans les livres. C'est pour cela que la sélection volontaire, qui s'opère dans le choix de livres, révèle le caractère de celui qui le fait. Il indique le degré de culture, le bon goût ou la vulgarité de la personne. Les livres que nous collectionnons proclament ce que nous aimons et ce que nous sommes.

Bien des personnes font de la lecture un moyen de dissipation intellectuelle. Elles ne lisent pas pour s'instruire ou pour se perfectionner, mais simplement pour tuer le temps ou s'amuser.

Lire sans but est démoralisant. Cela procure une forme d'ennui qui rend agité et mécontent, au lieu de rendre heureux et satisfait. Pour lire avec profit, il faut avoir ces trois choses présentes à l'esprit: lire avec intention, avec attention, et avec rétention, c'est-à-dire, en retenant bien ce qu'on a lu. Il est à remarquer que le mot rétention vient du latin *rete*, filet. Les filets sont faits de telle sorte que les plus petits poissons peuvent passer à travers leurs mailles. Ainsi, l'esprit éduqué à la rétention, laisse écouler les choses triviales pour ne retenir dans la mémoire que les choses qui ont de l'importance.

Lire constamment sans but, c'est s'abrutir. Bacon a dit: «La lecture rend l'homme accompli.» Mais il y a plusieurs manière de lire, et celle du glouton, qui engloutit tout, n'est pas à recommander.

Si vous désirez progresser, lisez des livres qui affinent vos goûts et votre imagination, qui purifient votre ambition, élèvent votre idéal.

Lisez des livres qui stimulent vos aspirations et votre désir d'arriver à quelque chose. Lisez des livres qui vous inspirent la résolution de progresser, d'essayer avec plus de courage d'être et de faire quelque chose dans ce monde. Un quart d'heure de lecture sérieuse, chaque jour, vous permettra de parcourir tous les grands auteurs en cinq ans.

Newell Dwight Hillis dit: «Une des barrières qui empêchent le bonheur de couler comme un fleuve dans notre pays, se trouve dans la littérature moderne. La mentalité de l'homme se ressent nécessairement des livres qu'il lit et de la philosophie qu'il en retire. Si les générations passées étaient plus heureuses dans leurs mansardes, c'est que leurs auteurs favoris étaient optimistes; ils voyaient le bon côté de la vie plutôt que le mauvais. Les grands auteurs, de Homère à Paul, jusquà Shakespeare, ont été les enfants d'une joie exultante aussi bien que du génie; tous étaient larges, doux, bienfaisants, en bonne santé et heureux.»

Dans son livre: *Le Bonheur de vivre*, Sir John Lubbock donne une liste de livres choisis avec soin «qui éveille si bien l'appétit intellectuel, dit un écrivain, qu'on désire immédiatement abandonner même les gloires d'ici-bas, la compagnie d'excellents amis, les excitations des voyages, les occupations les plus agréables, pour chercher un coin tranquille où vivre avec eux.»

Les livres permettent à chaque être qui naît, de commencer la vie au point où les générations précédentes se sont arrêtées. L'auteur semble dire à tout nouveau venu dans ce monde: «Je vous offre dans ce volume les recherches de ma vie entière en science, en littérature et en art.»

L'un donne les résultas de l'étude de toute une vie sur les mœurs des oiseaux. Un autre apporte ses recherches sur d'autres animaux, un autre le résultat de ses voyages, et ainsi de suite. Pour quelques sous, le nouvel habitant de la terre peut récolter le fruit des travaux de ses prédécesseurs; des multitudes ont recueilli, pour lui, les résultats des efforts de toute une vie, sur un point spécial. Pour une faible somme, nous achetons ce qui a coûté des sacrifices innombrables, et des luttes contre la pauvreté et la misère.

Pour avoir des connaissances stables, il faut *posséder* de bons livres. Ce que nous savons le mieux ne provient-il pas de choses que nous avons lues et relues dans nos livres d'école? Le sentiment de hâte, engendré par le fait qu'il faut rendre, à date fixe, le livre d'une bibliothèque, est extrêmement fatal à la lecture, car on ne peut alors prendre le temps de savourer son contenu jusqu'à l'absorber. C'est pourquoi, ayez une bibliothèque à vous.

En général, tous les grands hommes ont lu peu de livres pendant leur jeunesse, mais ceux qu'ils ont lus, ils les ont si bien digérés que leur esprit et leurs principes sont devenus comme une partie de leur être intime, la dynamo qui les a poussés vers de grands buts.

La lecture de quelques bons ouvrages de fiction fortifie magnifiquement l'imagination. Ils la stimulent par leurs suggestions, et augmentent puissamment sa capacité en la maintenant fraîche et vigoureuse; une imagination saine joue un grand rôle dans toute vie digne de ce nom.

À côté des livres d'imagination, la lecture de récits de voyages est une des meilleures distractions; puis viennent l'étude des sciences naturelles, celle des autres sciences, et de la poésie. Tous ces ouvrages procurent des récréations agréables, d'un caractère élevé, et quelques-uns ouvrent de merveilleux horizons sur certaines branches spéciales, en histoire naturelle tout particulièrement.

La lecture et l'étude des œuvres poétiques fait éprouver le même intérêt que celui que l'on prend à étudier la nature. La plupart de ces œuvres en sont, en réalité, une poétique interprétation.

Parmi tous les livres, les écrits des poètes ont peut-être fourni la plus grande inspiration à l'esprit humain. La poésie a été définie: «La plus haute expression de la pensée la plus élevée.»

«La poésie, dit Shelley, éveille et élargit l'intelligence en la faisant le réceptacle de milliers de combinaisons imprévues de la pensée. La poésie lève le voile qui cache la beauté de ce monde, et donne du charme aux objets familiers.»

Les philosophes ne doivent pas non plus être dédaignés. Les lecteurs qui ne connaissent pas nos philosophes modernes et les grands écrivains de l'antiquité tels que Marc-Aurèle, Épictète et Platon, ont encore des jouissances en perspective.

«Quand je considère ce que certains livres ont fait pour le monde, et ce qu'ils font encore, comme ils entretiennent l'espérance, raniment le courage et la foi, adoucissent les souffrances, donnent un idéal à la vie de ceux dont le foyer est réfrigérant, créent de nouveaux mondes de beauté, nous apportent des vérités célestes, j'éprouve une reconnaissance éternelle pour ce don», dit un lecteur qui sait apprécier ce qu'il lit.

Comme les livres élargissent notre horizon mental et reculent nos limites! Par eux, les siècles nous donnent leurs meilleurs trésors. La sagesse des plus grands esprits qui aient vécu est à nous, si nous le voulons. Peu importe notre pauvreté, ou les conditions défavorables dans lesquelles nous vivons: les livres peuvent rapidement nous sortir de notre milieu, et nous transporter dans d'autres pays et chez d'autres peuples. Toutes les nations jettent à nos pieds, pour quelques francs, ce qu'elles possèdent de meilleur.

«Aucun délassement n'est aussi bon marché que la lecture; aucun plaisir n'est aussi durable.» Les bons livres élèvent le caractère, purifient le goût, *détruisent l'attrait des plaisirs vils et grossiers*, et nous élèvent sur un plan supérieur de pensée et d'action.

Carlyle disait qu'une bibliothèque est une université. Quel dommage que les hommes et les femmes, qui n'ont pas eu l'occasion de faire des études dans leur jeune âge, ne comprennent pas la signification de cette parole, et ne réalisent pas tout ce qu'ils pourraient tirer de cet admirable substitut du collège ou de l'université: la lecture.

L'histoire suivante montre comment, avec un peu de renoncement, on peut acquérir une bibliothèque:

— Comment avez-vous pu vous procurer tous ces livres? demandait un jeune homme à un ami qu'il visitait; j'ai peine à trouver l'argent pour acheter les revues à la mode.

— Oh! cette bibliothèque est «mon cigare journalier», lui fut-il répondu.

— Que voulez-vous dire?

— Simplement ceci: quand vous m'avez encouragé, il y a plusieurs années, à m'accorder un cigare par jour, je venais de lire l'histoire d'un jeune homme qui s'achetait des livres avec l'argent que d'autres employaient à fumer, et je me décidai à faire de même. Vous vous souvenez que je vous avais répondu que je me permettrais un cigare par jour?

— Oui, je me souviens de notre conversation, mais je ne vois pas quel rapport cela peut avoir avec votre bibliothèque.

— Eh bien, je n'ai jamais fumé, mais j'ai soigneusement épargné, chaque jour, le prix d'un cigare; et quand l'argent se fut accumulé, j'achetai les livres que vous voyez ici.

— Vous ne voulez pas dire que tous ces livres n'ont pas coûté plus que cela! Il y en a qui valent plusieurs écus.

— Certainement. J'avais encore six années d'apprentissage lorsque vous m'avez conseillé de «vivre comme un homme». J'ai placé mon argent à la banque, il m'a rapporté un intérêt, et ce que j'ai pu faire avec l'argent destiné à des cigares pendant mon apprentissage, vous le voyez maintenant. Si vous aviez fait comme moi, pendant le même laps de temps, vous auriez pu économiser bien plus que moi, vous seriez mieux portant, et vous auriez une bibliothèque plus belle que la mienne.

Entourez-vous de bons livres. Il y a quelque chose, dans l'atmosphère des livres qui aide et inspire. Rien que leur présence et leur contact développent; l'esprit se renouvelle, l'idéal s'élargit, on apprend à les aimer et à les connaître.

«Un homme qui n'a pas l'habitude de la lecture, dit Richard Le Gallienne, n'a qu'à lire un des grands romans modernes pour se rendre compte de ses goûts et de ce qu'il cherche dans la lecture. Une bibliothèque ne peut être composée si facilement, et en bloc. Sans doute, vous pouvez vous acheter une collection de livres, mais une collection de livres n'est pas une bibliothèque. Une bibliothèque est un organisme qui se développe en même temps que l'intelligence et le caractère de son possesseur. C'est la demeure de son esprit; elle se meuble progressivement, à mesure que se développe sa vie mentale.»

Cicéron comparait une maison sans livres à un corps sans âme.

Quoique Macaulay possédât la plupart des choses que peuvent procurer la fortune, le rang et le génie, il préféra toujours la compagnie de ses livres à celle des plus grands hommes de son temps.

Gibbon déclara qu'il n'échangerait pas son amour de la lecture contre tous les trésors de l'Inde.

«Les livres sont à la fois notre luxe et notre pain quotidien. Ils sont devenus, pour notre vie et notre bonheur, des objets de première nécessité. Ils sont nos favoris, nos gardiens, nos conseillers discrets, et les plus sûrs compagnons de nos loisirs. Ils nous égayent dans la pauvreté, et nous consolent de la misère de l'opulence.»

Il est de toute importance d'enseigner aux enfants à éviter les livres déplaisants, malsains, qui font du mal à l'âme. Empêchez-les de lire, dans les journaux, les descriptions morbides de crimes et d'accidents. Ne laissez pas ces sombres tableaux graver leur empreinte dans leurs âmes sensibles.

Beaucoup de gens qui ont eu une vie difficile, ont considéré leur amour pour leurs livres, pour leur bibliothèque, comme leur bien le plus précieux, leur ciel sur la terre. Dans ces livres, ils trouvaient la consolation, l'encouragement, la paix qui surpasse toute connaissance.

Quand les choses vont mal pour nous, quand tout nous fatigue ou nous ennuie, quand nous sommes trop déprimés pour travailler, nous pouvons appeler à notre aide les plus grands écrivains, et trouver, à leur contact, le repos et le rafraîchissement. L'homme le plus humble peut inviter Shakespeare ou Emerson à son foyer, et ils lui donneront ce qu'ils ont de meilleur.

Oliver Goldsmith disait: «La première fois que je lis un livre intéressant, il me semble que je viens de me faire un nouvel ami; quand je relis un livre que j'aime, il me semble que je retrouve un ancien ami.» On peut dire de ceux qui n'ont aucune amitié pour les livres qu'ils ne vivent qu'à moitié.

Celui qui possède une centaine de livres de choix a une centaine de portes ouvertes sur des perspectives de joie infinie.

CHAPITRE XVI
L'alchimie de la joie

«Il y a un réel pouvoir dans le sourire. Les sourires sont les seules forces virtuelles capables de mouvoir les choses pour les conduire où elles veulent ou ne veulent pas aller.»

Un esprit optimiste est une sorte de prisme qui révèle les couleurs d'arc-en-ciel de choses invisibles au pessimiste.

Le prisme ne crée pas les couleurs; elles sont dans la lumière qui nous éclaire; il les sépare seulement, et les rend visibles à nos yeux.

Tout homme devrait avoir une lentille optimiste qui lui ferait distinguer l'invisible dans le visible, et lui révélerait toutes les beautés de son environnement.

C'est mal de s'en aller vers ses semblables avec un visage prouvant que la vie a été pour nous un désappointement, au lieu d'une ascension glorieuse.

Quelle triste chose que de voir des gens traverser la vie irradiant l'amertume, trouvant tout mauvais et ne sachant voir que la laideur; des gens soucieux, impatients, cyniques et pessimistes! Quelques personnes ont le don de ne voir que ce qui va mal, que ce qui est désagréable. Le pessimisme est un destructeur; il ne produit jamais rien.

Nous avons besoin de plus de «faiseurs de joie», de gens qui refusent de voir ce qui est laid, amer ou tortueux; des gens qui sachent voir la beauté de l'univers et la perfection de ce que Dieu a créé, et non le monde que le péché, la discorde et la maladie ont fait. Nous avons besoin de gens qui voient l'homme et la femme comme Dieu les a créés — purs, sains, en bonne santé — et non la caricature maladive qu'ont faite le péché, la mauvaise manière de penser et de vivre.

Oh! quelle richesse renferme une âme ensoleillée!

Soyez toujours joyeux, où que vous alliez, et quoi que vous fassiez. La joie est l'huile lubrifiante qui empêchera les frottements, et excluera les chagrins de la vie. Quel privilège de posséder un visage souriant, capable de répandre la lumière partout où il va, de chasser les ténèbres et d'illuminer les cœurs tristes; un visage qui a le pouvoir de faire naître la joie dans des cœurs désolés, par son regard radieux et encourageant!

La faculté de répandre le soleil autour de soi a plus de valeur que la beauté ou la fortune. Si vous voulez donner le maximum de ce dont vous êtes capable, gardez votre âme ensoleillée, pleine de beauté et de vérité, de pensées gaies et encourageantes. Chassez tout ce qui pourrait vous rendre malheureux, tout ce qui limiterait votre liberté, tout ce qui pourrait vous troubler et vous amoindrir.

J'ai entendu parler du petit impotent optimiste qu'on avait surnommé «le joyeux Joë», à l'hôpital de la Brise de mer à Long Island. Pendant quatre ans, une grave maladie de l'épine dorsale le força à rester couché sur une planche. Cependant, il était le plus heureux de tous les enfants de l'hôpital, et en dépit de la position douloureuse dans laquelle il se trouvait, il irradiait plus de soleil que qui que ce soit d'autre dans cette maison de la souffrance.

Le criterium du caractère est cette faculté de rester gai, serein, plein d'espoir, même dans les circonstances les plus pénibles. Il est facile d'être joyeux et optimiste quand tout va bien et qu'on jouit d'une robuste santé, mais il faut vraiment posséder des qualités héroïques pour l'être quand une mauvaise santé vous prive de force et crée des conditions d'existence défectueuses.

Nous avons besoin d'hommes et de femmes qui soient gais, qui sachent rire et communiquer l'espoir et le courage. Nous avons assez des visages allongés et moroses, assez des manières réfrigérantes. La gaîté est une vraie faiseuse de miracles. Elle donne de la force à tout l'être, double ses capacités, et fait considérer la vie sous un nouvel aspect. Aucun homme ne peut être complètement vaincu avant d'avoir perdu sa gaîté, son optimisme.

Donnez-moi un homme qui, comme Emerson, croie qu'il y a un remède à chaque mal, une satisfaction pour chaque désir légitime de l'âme, un homme qui croie en ses semblables, quels qu'ils soient, et qui voie de la beauté et de la grâce, où les autres ne voient que de la laideur et de la décrépitude. Donnez-moi un homme qui croie à l'existence d'un grand principe soutenant le monde et le faisant bénéficier de son pouvoir, d'un courant qui entraîne vers le ciel, un homme qui croie à une cause bienfaisante produisant des effets infiniment supérieurs à ce que nous aurions cru, un homme qui n'essaye pas de gouverner l'univers, mais qui se confie simplement dans ce grand principe. Donnez-moi un homme qui croie au triomphe final de la vérité sur l'erreur, de l'harmonie sur la discorde, de l'amour sur la haine, de la pureté sur le vice, de la lumière sur les ténèbres, de la vie sur la mort. De tels hommes sont les vrais bienfaiteurs des nations.

L'homme qui a appris à s'entourer d'une atmosphère de paix et d'harmonie, quelque défectueux que soit son entourage, est parvenu au sommet le plus élevé de la culture personnelle.

Après tout, cette paix et cette sérénité doivent résulter de la certitude que seul est vrai ce qui est bien et bon, parce que Dieu l'a fait, et que tout le reste est faux parce que cela ne provient pas de Dieu.

Quand nous aurons compris que la discorde, la maladie et tout ce qui nous rend inquiets, nous trouble ou nous agite n'est que l'absence d'harmonie, que Dieu ne l'a point créé, et que par conséquent cela doit être faux, alors nous aurons appris le secret d'une vie vraiment harmonieuse et scientifique. Alors nous pourrons développer ce qu'il y a de meilleur en nous, en dépit du plus triste milieu; nous connaîtrons le parfum et la beauté de la sérénité, même au sein de la discorde. Pensez le bien; chassez le mal; remplissez si bien votre esprit de tout ce qui est bon, beau et vrai, que le mal n'y puisse trouver place.

Quand nous aurons appris qu'il y a en nous assez de divin pour surmonter tous les manques d'harmonie, pour faire cesser toute dissonance qui nuirait à la grande symphonie divine, alors notre vie aura un but. Cette connaissance sera la baguette magique qui transformera le bouge en palais.

Le diacre Brown se faisait remarquer par la reconnaissance qu'il exprimait toujours dans les réunions de prières pour quelque bénédiction spéciale, lors même qu'il avait perdu tous les membres de sa famille, son foyer, ses propriétés, sa santé.

Ses amis s'étonnaient qu'il pût encore être reconnaissant. Il paraissait toujours aussi gai et aussi optimiste que jamais. «Eh bien, disait-il, si j'avais tout perdu en ce monde, je remercierais le Seigneur d'avoir encore deux dents qui se rencontrent.»

Un monsieur, voyageant dans l'Ouest, se trouvait dans le même train qu'une vieille dame qui, par moments, sortait une bouteille de son sac et jetait par la portière quelque chose qui ressemblait à des grains de sel. Le monsieur, intrigué, lui demanda ce qu'elle faisait. «Oh! répondit-elle, je sème des graines de fleurs. Depuis plusieurs années, je me suis fait une règle de ne jamais voyager en chemin de fer, spécialement dans les endroits dénudés et déserts, sans jeter des graines de fleurs par la portière. Voyez-vous ces belles fleurs qui ornent le talus? Eh bien elles proviennent de graines que j'ai semées, le long de cette voie, il y a déjà plusieurs années.»

«Espoir, gaîté et bonne humeur! écrit quelqu'un, semez-les partout où vous allez, comme des roses sur votre sentier. Répandez-les à la place de l'animosité et des allusions désobligeantes. Échangez-les contre des insinuations, et substituez-les aux plaintes. Emportez-les pour les distribuer à vos compagnons de travail dans la journée, et rapportez-les, le soir, pour vos bien-aimés à la maison. Portez-les aux malades, et laissez-les avec les affligés. Partout et toujours, avec une ingéniosité toute chrétienne, servez-vous en pour réchauffer tous les lieux glacés du monde.»

La gaîté, au sein de milieux sombres et tristes, est comme l'éclat du soleil dissipant la tristesse d'un jour sombre. L'influence d'un esprit gai ne peut être estimée. Il ne faut qu'une goutte d'huile pour arrêter les grincements d'une roue; ainsi un tout petit rayon de soleil chasse l'ombre. Le soleil a une influence bienfaisante et réconfortante; il est favorable à la santé; il réjouit toute la nature, et il réchauffe le cœur de l'homme; ainsi un visage qui respire la gaîté allège les cœurs, donne de la force à d'autres vies, et communique le courage nécessaire pour vaincre les difficultés. Quelqu'un l'a dit: «Un visage heureux est un présent qui peut être offert par les pauvres et les riches, les jeunes et les vieux. Il est le cadeau que chacun peut faire, et que tout le monde reçoit avec plaisir. Il est écrit dans une langue que chacun comprend, et porte un message que personne ne refuse.»

«Rien que voir son visage me fait du bien», disait une servante irlandaise en parlant d'une visiteuse.

Combien nous aimons tous rencontrer des visages ensoleillés! Nous ne sommes jamais trop occupés pour les voir. Il n'y a rien qui soit aussi bien accueilli que le soleil.

«Le cœur gai fait son propre ciel bleu.»

Nous savons tous comme le paysage lui-même paraît nous sourire lorsque nous sommes joyeux; il semble que le soleil et les fleurs reflètent notre joie. Mais si nous sommes mélancoliques, si nous avons des idées noires, toute la nature prend la même teinte.

Quand nous perdons la faculté de sourire, notre esprit s'assombrit, il se laisse envahir par le doute et la crainte; notre imagination devient morbide. Quand la joie s'en va, la mélancolie entre.

S'il y a une chose dont nous ayons besoin dans notre civilisation trop sérieuse, c'est d'hommes et de femmes qui sachent sourire. Il n'en coûte pas plus d'avoir un visage souriant que de garder une expression soucieuse, et quelle différence cela fait pour nous et pour les autres! Chacun de ceux que nous rencontrons est aidé ou entravé par ce que nous irradions.

Le temps est passé où les personnes à visages allongés, trop sérieux, pourront dominer le monde. Une mélancolie solennelle était regardée autrefois comme un signe de spiritualité, mais maintenant on la considère comme la marque d'un esprit morbide. Elle n'a rien à faire avec la religion. La vraie religion est pleine d'espoir, de soleil, d'optimisme et de gaîté. Elle est joyeuse, aimable et belle. La religion enseignée par le Christ n'a rien de lugubre, ni de déprimant. Le soleil, les lys des champs, les oiseaux de l'air, les collines, les vallées, les arbres, les montagnes, les ruisseaux — tout ce qui est beau — lui servaient de thèmes pour ses enseignements, qui ne renfermaient aucune théolgoie triste et froide. C'était un christianisme joyeux!

Refusez d'être triste. Réjouissez-vous! Éloignez de vous les soucis, n'y pensez pas. Regardez aux bons côtés de la vie. Pensez avec gratitude à tout ce que vous possédez de bon et soyez gai.

Si vous avez un visage soucieux, vous montrez que l'espoir est mort en vous, que la vie a été un désappointement pour vous. Adoptez la devise du cadran solaire: «Je ne marque que les heures ensoleillées.»

Qu'y a-t-il de meilleur dans la vie que l'art d'oublier, d'enterrer tout ce qui nous a été désagréable, tout ce qui nous a causé de la peine ou a retardé nos progrès? Celui qui pratique cet art est indépendant de son entourage immédiat. Il peut être heureux sans argent. Il est heureux, dans les mauvais moments comme dans les bons; il conserve son égalité d'âme quand les autres ont des idées noires.

Il n'est pas difficile d'apprendre que le bien exclut le mal, que ce qui est élevé exclut ce qui est bas, que les nobles motifs, les grandes affections excluent les motifs vils, les affections mauvaises. Le bien lutte contre le mal et le vainc.

«Par-dessus tout, j'aime une gaîté conquérante, celle qui accomplit de grandes choses avec un sourire et une chanson, la gaîté du soldat qui tire le meilleur parti de tout, qui assaisonne sa maigre pitance d'une plaisanterie, qui rit de sa couche peu confortable, de l'inclémence de la saison, et siffle des airs de son pays natal tout en nettoyant son fusil.»

Quel privilège merveilleux que de pratiquer cette alchimie mentale qui rend même la pauvreté attrayante, qui voit le côté comique de la malchance!

J'ai voyagé une fois avec un jeune homme qui, par nature, pratiquait cette alchimie, et transformait en or les expériences les plus désagréables. Il trouvait de la jouissance dans les situations les plus ordinaires, et même les plus embarrassantes. Il avait le don de voir toujours le côté comique des choses, et faisait rire tout le monde. Une fois, nous fûmes tellement ennuyés par les puces, dans un hôtel de Vienne, que nous ne pûmes dormir. Je vois encore mon jeune ami, assis par terre, et riant en me déclarant qu'il venait de capturer la plus grosse puce, celle qui tiendrait certainement le record parmi ses congénères.

On possède tout quand on a acquis l'art de regarder le bon côté des choses et des gens.

Le monde est un miroir qui nous renvoie notre propre image. Si nous lui sourions, il nous sourit; si nous pleurons, il nous fait triste mine.

Traversez-vous la vie déprimé, misérable, ou savez-vous vous élever au-dessus de ces petits ennuis qui détruisent la paix de tant de gens? Apprenez le bel art de jouir de chaque personne et de chaque chose; comme l'abeille, extrayez le miel de toute fleur. Prenez l'habitude de retirer quelque chose de bon de toutes les expériences de la vie; chacune d'elles renferme de quoi enrichir votre vie.

Une personne employée dans un commerce raconte ainsi l'intéressante expérience qu'elle fit:

«Je partis un jour pour mon travail, bien décidée à essayer le pouvoir des pensées gaies (assez longtemps j'avais été triste et découragée). Je m'étais dit: J'ai souvent observé qu'un heureux état d'esprit a une merveilleuse influence sur mon état physique; je veux l'essayer sur autrui, et voir si ma pensée juste pourra les influencer. Vous voyez que je suis curieuse. De plus en plus résolue à atteindre mon but, je me répétais, en marchant, que j'étais heureuse, que tout le monde me traitait bien, et je me sentais ainsi tout encouragée; je me tins plus droite, mon pas devint plus léger, et j'eus la sensation de marcher sans toucher terre. Inconsciemment, je souriais. Je regardais les visages des femmes que je croisais, et j'y lus tant de tristesse, d'anxiété, et même de maussaderie, que mon cœur s'émut et que je désirai leur communiquer un peu du soleil intérieur qui m'éclairait.

«Arrivée au bureau, je saluai la personne qui tenait les livres et lui fis une remarque aimable, en passant, ce que je n'aurais jamais fait dans d'autres circonstances, car je n'ai pas l'esprit d'à-propos; cela créa tout de suite entre nous un courant agréable qui dura tout le jour; elle avait été influencée par mon accueil. Le directeur du bureau était un homme très affairé et très préoccupé de ses affaires; lorsqu'il me faisait quelque observation sur mon travail, j'en étais ordinairement très froissée (étant trop sensible par ma nature et par mon éducation); mais ce jour-là, j'avais décidé que rien ne viendrait me troubler, aussi lui répondis-je gaîment. Son front se dérida, et une aimable cordialité s'établit entre nous. Il en fut ainsi toute la journée; je ne permis à aucun nuage de venir troubler la beauté de mon ciel. Dans la famille où je demeurais, il en fut de même, et là où j'avais jusqu'alors rencontré peu de sympathie, je vis naître une chaude amitié. Les gens feront la moitié du chemin pour vous rencontrer, si vous voulez bien faire l'autre.

«Ainsi, mes sœurs, si vous pensez que le monde ne vous traite pas bien, n'attendez pas un jour de plus pour vous dire: Je veux rester jeune en dépit de mes cheveux blancs. Même si tout ne va pas toujours comme je le voudrais, je veux vivre pour les autres, et faire briller le soleil sur le sentier de tous ceux que je rencontrerai. Vous trouverez le bonheur en semant des fleurs autour de vous; vous ne manquerez jamais d'amis ou de compagnons, et par-dessus tout, la paix de Dieu remplira votre âme.»

Quelques personnes ont le talent de faire vibrer les mauvaises cordes; du meilleur instrument elles tirent des sons discordants. Toute leur musique est en ton mineur; les ombres prédominent dans toutes leurs peintures. Il n'y a rien de gai, d'ensoleillé ou de beau autour d'elles. Leur apparence est morose; pour elles, les temps sont toujours durs et la monnaie rare. Chez elles tout est mesquin; rien ne vient élargir et enrichir leur vie.

Pour d'autres, c'est exactement le contraire. Ces personnes-là ne répandent aucune ombre; elles irradient le soleil. Chaque bouton qu'elles touchent ouvre ses pétales, et répand son parfum et sa beauté. Elles ne vous approchent jamais sans vous égayer; elles ne vous parlent jamais sans vous inspirer de bonnes pensées. Elles sèment des fleurs partout où elle vont. Elles pratiquent cette heureuse alchimie qui transforme la prose en poésie, la laideur en beauté, la discorde en harmonie. Elles voient ce qu'il y a de meilleur en chacun, et prononcent toujours des paroles plaisantes et encourageantes.

Aucune habitude ne vous procurera plus de satisfaction et ne vous enrichira davantage que celle de faire du bien aux autres, en chaque occasion. Si vous ne pouvez fournir une aide matérielle, si vous n'avez pas d'argent à donner, vous pouvez toujours aider par votre esprit enjoué, votre sympathie réconfortante, votre bonté et vos paroles encourageantes. Il y a plus de cœurs qui soupirent après l'amour et la sympathie, que de cœurs qui soupirent après l'argent, et cela vous pouvez toujours le leur donner.

CHAPITRE XVII
Les ennemis jumeaux de notre bonheur
La crainte et le souci

«J'écrivais chaque jour mes ennuis et mes soucis; quelques années plus tard, lorsque je relus ces pages, je le fis en souriant et non en pleurant.»

«Le souci est la forme la plus populaire du suicide.»

«Les dieux que nous servons gravent leur nom sur nos visages.»

Il y avait une fois un magicien qui éprouva une telle compassion pour une souris vivant dans une crainte perpétuelle du chat, qu'il la changea en chat. Mais ce chat commença à avoir peur du chien, et le magicien le changea en chien. Le chien à son tour eut peur du tigre, et le magicien le changea en tigre. Mais ses ennuis ne finirent pas là, car le tigre se mit à craindre constamment le chasseur. Dégoûté, le magicien finit par le transformer de nouveau en souris, en lui disant: «Puisque tu n'as que les nerfs d'une souris, il m'est impossible de t'aider en te faisant revêtir la forme d'un plus noble animal.»

Beaucoup de personnes ne semblent pas capables de débarrasser leur esprit de la crainte. Quand elles sont pauvres, elle s'imaginent que la fortune et la santé les affranchiraient de toute crainte et de tout souci. Elles croient que si elles avaient ceci ou cela, si leur entourage était différent, elles pourraient être délivrées de l'inquiétude et de toute sa famille de vampires, mais quand elles ont obtenu ce qu'elles désiraient, le même vieil ennemi, quoique sous une forme différente, les poursuit encore.

Il n'y a pas de plus grands ennemis du bonheur que la crainte et le souci.

Partout et toujours, ils sont une malédiction. Rien ne peut nous atteindre, aucun désastre, aucun malheur, que nous ne puissions mieux supporter sans ces deux destructeurs de la joie.

La crainte est vraiment un vieil, vieil ennemi, et le souci est son complice détesté. La crainte a toujours existé, mais le souci est la maladie de notre époque. Dans notre sagesse, à la fois nous avons pitié et nous nous moquons du barbare qui vivait dans un crainte mortelle de ses dieux cruels. Mais n'avons-nous pas aussi nos démons oppresseurs devant lesquels nos âmes tremblent et nos forces défaillent?

Je connais un homme très estimable, dont la vie a été constamment entravée par la crainte. Il l'a combattue désespérément, mais ce n'est que récemment qu'il a compris qu'on pouvait la neutraliser par une suggestion mentale opposée. Il dit que la crainte a, dès son enfance, entravé l'épanouissement de son être et compromis tout ce qu'il a voulu entreprendre. Elle l'a empêché de mener à bien des choses dont il se sentait cependant parfaitement capable.

Depuis qu'il a appris comment il peut neutraliser ce grand destructeur de sa paix, de son bonheur et de ses succès, son attitude mentale a complètement changé. Il dit qu'il ne s'est jamais bien connu lui-même, et qu'il ne sut ce dont il était capable que lorsqu'il eut annihilé la crainte. De la destruction de son ennemi est résulté un épanouissement considérable; de faible, timide, indécis, craintif, qu'il était auparavant, il est devenu fort, vigoureux, confiant; ses facultés latentes ont pu se développer, et son pouvoir mental s'est merveilleusement accru. Il peut accomplir maintenant, en un mois, et sans aucune peine, ce qu'il a mis autrefois une année à accomplir.

La crainte tue l'espoir; le souci et l'inquiétude détruisent la confiance, la puissance de concentration, et paralysent l'initiative. La crainte est fatale à tout progrès. C'est l'empoisonneur du bonheur.

«Prenez un antidote contre l'impatience et le souci dès que vous percevez leur approche», écrit un auteur.

Beaucoup de personnes craignent toujours quelque chose. Elles n'ont pas assez de courage pour jouir réellement de la vie. Elles ont peur de frayer avec ceux qui leur sont supérieurs par l'intelligence ou la fortune. De crainte que leur pauvreté d'esprit ou d'argent puisse être découverte, elle se privent des avantages et des plaisirs qu'elles retireraient d'une vie plus sociable. Ce sont des lâches, et les lâches ne sont jamais heureux.

Nous avons été créés pour dominer notre environnement, et non pour être souffletés par les accidents ou la malchance. Nos plus grands ennemis vivent dans notre propre cerveau, dans notre imagination, dans les idées fausses que nous avons sur la vie. Nous devrions être des conquérants au lieu d'être des esclaves, et il n'y a pas de plus grand esclavage que celui de la superstition.

La superstition et l'ignorance ruinent le bonheur d'une multitude de gens. On s'imagine que la superstition n'est pas nuisible, mais tout est nuisible de ce qui fait croire à un homme qu'il est le jouet des circonstances, qu'il est à la merci de signes et de symboles, qu'il y a dans le monde une puissance en opposition avec l'Omnipotent; quelque chose qui travaille, et essaye de faire du mal aux êtres mortels.

On a estimé qu'il y a plus de cinq mille différentes formes de crainte. Pour une multitude de personnes, la crainte de quelque malheur suspendu au-dessus de leur tête est toujours présente. Elle les hante, même dans leurs meilleurs moments. Leur joie en est empoisonnée, si bien qu'elles ne prennent aucun plaisir réel en quoi que ce soit. Le «squelette dans le buffet» est le fantôme qui les hante constamment.

La crainte de la maladie détruit aussi le bonheur d'une multitude d'autres personnes. Elles se représentent les symptômes de quelque terrible maladie dont elles se croient atteintes, et cette crainte continuelle nuit à leur nutrition, affaiblit leur force de résistance, et tend à encourager ou à développer toute tendance à la maladie, ou toute tare héréditaire qui pourrait sommeiller dans leur corps.

La crainte agit sur la circulation du sang et dilue toutes les sécrétions. Elle paralyse le système nerveux, blanchit les cheveux, ride le visage et ôte l'élasticité de la démarche.

D'autre part, tout ce qui nous rend heureux, tout ce qui nous procure une émotion joyeuse, relâche les vaisseaux capillaires et favorise la circulation du sang.

Les enfants qui vivent dans une atmosphère de crainte souffrent dans leur développement; ils ne croissent pas naturellement; leurs corps ne se développent pas normalement; leurs vaisseaux sanguins sont plus petits, leur circulation est plus lente, leur cœur plus faible. La crainte tarit la source même de la vie, tandis que l'amour, qui bannit la crainte produit l'effet opposé.

Il est étrange qu'après tant de siècles d'expérience et d'enrichissement, la race humaine n'ait pas encore appris que la crainte n'est qu'un fantôme de l'imagination, et n'ait pas positivement refusé d'être torturée par cet ennemi de son bonheur. Il semble que la race humaine aurait dû s'affranchir depuis longtemps de ces souffrances inutiles, mais nous nous laissons encore effrayer par les mêmes fantômes que ceux qui hantaient nos ancêtres, et qui pourraient être facilement détruits ou neutralisés par le changement de la pensée, de l'attitude mentale.

Regardez en arrière, vous qui touchez au terme de votre vie, et vous découvrirez que la crainte qui vous a vieilli prématurément, qui a ridé votre visage, détruit l'élasticité de votre démarche, l'éclat de vos joues, et vous a dérobé votre joie, était la crainte de choses qui ne sont jamais arrivées.

Il est étrange que ce qui n'a aucune base réelle, comme la crainte, ait pu tourmenter l'humanité dès le commencement de son histoire jusqu'à maintenant. Nous savons que le Créateur n'a jamais mis, dans l'homme créé à son image, quoi que ce soit qui pût lui causer une telle détresse, et détruire son repos d'esprit et son bonheur en lui enlevant son énergie. Un médecin a dit dernièrement que la crainte est aussi normale chez l'homme que le courage. On pourrait tout aussi bien affirmer que la discorde est de l'harmonie, que de dire que la crainte est normale.

La théologie et les credos sont trop imprégnés de terreur et de crainte, ils renferment trop d'ombre et trop peu de joie, trop de nuages et trop peu de soleil, trop de préoccupation de l'au-delà et pas assez du présent. C'est du Christ, et non pas de credos, que l'humanité a besoin.

Pendant des siècles, l'Église a propagé une si fausse idée de la mort qu'elle a aidé à en développer l'horreur. Cependant, elle est aussi naturelle que la naissance. Elle consiste simplement à franchir une des portes du chemin de la vie, à entrer dans un autre état d'existence consciente. Le changement qu'apporte la mort est aussi naturel que le changement de la chenille en chrysalide, de la chrysalide en papillon. Elle est un nouveau stade de développement.

«La mort n'est que le pont couvert qui conduit à une plus grande lumière.»

Beaucoup de personnes ont une telle crainte de la mort, elles sont si terrifiées à sa seule pensée, qu'elles ne jouissent pas du présent, et n'en tirent pas tout le parti possible.

Certaines gens semblent toujours se préparer à la mort. Cette attitude mentale, cette vie dominée par l'ombre de la mort est démoralisante. C'est un squelette qui vient troubler toutes les fêtes. On ne jouit de rien avec cette crainte perpétuelle de la mort.

Je connais plusieurs personnes qui, depuis qu'elles ont dépassé le milieu de la vie, se préparent constamment à la fin, mettant en ordre leurs affaires, faisant leur testament, décidant comment leurs affaires devront être conduites après leur mort. Elles parlent constamment de la mort, la faisant sans cesse miroiter devant leur famille comme un perpétuel spectacle cinématographique.

Pensez quel mal cela peut faire à un enfant d'être élevé dans cette atmosphère de crainte perpétuelle de la mort, au point qu'il a peur d'aller se coucher, le soir! Qu'est-ce que l'enfant sait de la mort? Il n'en peut comprendre la signification, et n'en retient que l'horreur.

Je crois que l'image de la mort, imprimée dans les jeunes intelligences pendant leurs années de croissance (alors que l'imagination est si active), par les parents et par l'Église, est responsable d'une quantité de souffrances, et qu'elle a éloigné une grande multitude de gens de leur Créateur. N'y a-t-il pas quelque chose d'incompatible entre l'idée du tendre amour de Dieu, que nous essayons d'inculquer à nos enfants, et l'horrible idée de la mort, qu'on leur inculque aussi comme venant de Dieu? Les deux choses ne peuvent aller ensemble, et l'enfant ne peut éprouver, pour un Être responsable d'une mort aussi révoltante, le même amour que pour un Père tout aimant.

Pendant des siècles, des multitudes de chrétiens ont vécu comme «des condamnés à mort dans un délai plus ou moins long». La crainte constante de la mort leur enlevait toute joie.

L'âme confiante et calme jouit du plus noble bonheur, et éprouve un sentiment d'absolue sécurité dans toutes les circonstances. Lorsque quelqu'un croit qu'il est victime d'une destinée qu'il ne peut maîtriser, qu'il s'attend à tout instant à voir ses plans déjoués, son programme renversé, son espoir frustré sans avertissement; en d'autres termes, quand il n'a aucune certitude pour le résultat futur de ses efforts, il ne peut avoir cette solidité de caractère, cette force patiente, endurante, qui sont à la base de toute noble vie.

Il nous faut avoir la conviction qu'il y a en nous quelque chose de divin qui nous soutient en toutes circonstances, qu'un sage Créateur nous protège, pour que nous puissions développer en nous un caractère endurant. Nous devons avoir un sentiment d'absolue sécurité, jusqu'à ce que nous ayons pu atteindre cet équilibre du caractère qui constitue la vraie virilité, chez l'homme comme chez la femme.

Aussi longtemps que, dans notre esprit, subsistera le moindre doute que nous faisons partie intégrante de l'éternel principe, du grand plan infini qui ne peut être détruit, et qui est au-dessus de l'atteinte du besoin, de la chance ou du malheur, notre caractère sera défectueux. Il manquera de cette force d'endurance qui est la caractéristique de toutes les nobles existences.

Tous les grands caractères ont eu cette foi invincible dans la réalité de l'amour divin et dans le but suprême de la vie, une confiance complète en Dieu, qui n'est pas le dieu de la mort, mais celui de la vie.

La crainte provient de la conscience que nous avons d'être séparés du grand principe de l'Amour, de la Vérité et du Pouvoir omnipotent. Peut-il y avoir quelque chose de plus rassurant, quelque chose qui prouve mieux notre unité avec la Divinité que cette parole si réconfortante du Christ: «Voici, je suis avec vous tous les jours jusqu'à la fin du monde!» Il semble que les écrivains de la Bible, le Psalmiste tout spécialement, ont pris soin de nous fournir des remèdes pour tous les maux humains.

Toute crainte repose sur le fait que celui qui l'éprouve a la conscience d'être séparé de la Force infinie, du Secours permanent, et quand il en vient à comprendre qu'il peut être *un* avec le Pouvoir qui l'a créé et qui le soutient, quand il trouve la paix qui surpasse toute connaissance, alors il se sent heureux, et en repos. Ayant touché pour ainsi dire ce Pouvoir, et en ayant goûté les bénédictions infinies, il n'aura plus jamais aucune crainte, ni aucun souci, et ne pourra plus se contenter «des potées de viande de l'Égypte».

La crainte que nous éprouvons est toujours en proportion du sentiment de notre faiblesse, ou de notre incapacité à nous protéger nous-même contre ce qui la cause.

Le professeur Shaler, de l'Université de Harvard, a dit que la plus grande découverte du siècle dernier est l'unité de toutes choses dans l'univers, la source unique de toute vie.

La vie aura pour nous une autre signification quand nous réaliserons notre communion avec le grand Principe qui a créé et soutient l'univers.

L'idée qu'il n'y a qu'un principe qui gouverne tout, une vie, une vérité, une réalité, que ce pouvoir est divin et bienfaisant, et que nous sommes dans un grand courant qui se dirige vers Dieu, vers le ciel, est une des croyances les plus inspiratrices, les plus encourageantes et des plus propres à bannir la crainte de l'esprit humain.

Le fait que, par notre être intérieur, nous faisons actuellement et nécessairement partie de ce grand et divin Principe, que nous ne pouvons pas plus être annihilés que les lois mathématiques, que nous avons part à toutes les qualités qui appartiennent à notre Créateur, que nous devons être parfaits et immortels parce que nous avons été créés par la Perfection, résout tous les grands mystères de la vie, et nous donne une merveilleuse sensation de sécurité et de contentement que rien d'autre ne pourrait nous offrir.

Donc, en proportion de ce que nous réalisons cette communion avec la Divinité, cette conformité avec notre Créateur, nos vies deviennent calmes, confiantes, productives.

Nos craintes, nos soucis, nos inquiétudes indiquent que nous avons perdu la conscience de notre filiation divine, que nous avons quitté la maison paternelle, que nous ne sommes plus à l'unisson avec l'Infini, et que nous sommes séparés du divin Principe.

Quand on sent sa main serrée par la main omnipotente, on est trop près de Dieu pour douter ou craindre, on sait qu'aucun mal ne provient de cette divine source, et tout sentiment de crainte s'évanouit. La conscience qu'actuellement «c'est en Dieu que nous avons la vie, le mouvement et l'être», révolutionnera vos vies, et quand «l'esprit qui est en nous est le même que celui qui était en Christ», nous ne connaissons plus la crainte.

Chacun de nous devrait être capable de dominer sa propre mentalité, d'être le maître de son esprit en tout temps. Il est pitoyable de voir un homme fort être la victime de pensées torturantes qu'il pourrait étouffer en un instant.

L'esprit de beaucoup d'hommes est si affecté par une crainte et une inquiétude chronique, si troublé par des pressentiments, qu'on ne peut se fier à leur jugement. Quand la crainte domine, le bon sens, le jugement disparaît.

Un homme devrait être capable de gouverner son propre royaume mental. Il devrait pouvoir juger de la qualité des pensées auxquelles il donne accès; il devrait avoir le pouvoir de leur ouvrir ou de leur fermer les portes de son intelligence. Mais quand nous regardons à notre vie passée, et constatons quels ravages la crainte et les soucis ont produits sur nos digestions, nos fonctions corporelles et nos nerfs, et le tort qu'ils nous ont fait dans nos relations de la vie journalière, nous sommes effrayés de leur pouvoir.

Des milliers de gens meurent chaque année de dépression mentale, d'espoirs trahis, d'ambitions avortées et d'affaiblissement prématuré. Nous n'avons pas encore appris à cultiver cette gaîté des grandes âmes bien équilibrées et bien confiantes dans la puissance que leur donne l'aide céleste, cette joie sublime qui est le plus grand remède préventif contre tous les maux terrestres. Nous n'avons pas encore appris en tant que peuples, que le chagrin, l'inquiétude et la crainte sont les grands ennemis de la vie humaine, et qu'on doit leur résister comme à la peste. Sans gaîté, il ne peut y avoir aucune action physique, mentale ou morale qui vaille, car la gaîté est l'atmosphère normale de notre être.

La grande chose est de garder son idéal physique, mental ou moral très élevé, de telle sorte que le souci, l'inquiétude et la crainte ne puissent pénétrer en nous. Notre force de résistance devrait être si grande que ces ennemis ne puissent s'introduire dans la place.

Dernièrement, je trouvai cette sentence qui me frappa: «Si vous ne pouvez être heureux quand vous êtes misérables, vous ne le serez jamais.»

Celui qui l'a écrite pensait sans doute que l'homme victime de son humeur, qui n'est pas maître de lui-même et de ses pensées, ne peut être le maître de son bonheur. Il ne peut dire s'il sera heureux ou non, parce qu'il ne sait pas ce qu'il éprouvera à tel ou tel moment.

Bien des docteurs pourraient attester que l'usage croissant des narcotiques est dû à l'indulgence chronique témoignée à la crainte et à l'inquiétude. Il est regrettable qu'un grand nombre de remèdes, considérés comme des spécifiques pour toutes espèces de maux, puissent être obtenus si facilement dans les pharmacies. Toutes les préparations qui contiennent de la morphine, de la cocaïne et de l'alcool, spécialement les remèdes contre les maux de tête, sont très dangereuses entre les mains de gens mal informés, et ont souvent de tragiques résultats. Il est si facile de se les procurer que les victimes de l'inquiétude sont tentées d'y chercher du soulagement.

L'habitude de se droguer est un des plus dangereux symptômes des temps modernes. Les remèdes sont si bien empaquetés, si faciles à porter dans la poche, si aisés à ingurgiter, que le danger d'en trop prendre est bien grand. L'usage si répandu des remèdes qui calment les nerfs indique quelle sorte de vie nous menons. La tendance à se droguer dépend de la tension anormale avec laquelle nous combattons pour gagner notre vie.

Nos nerfs sont continuellement surmenés; nous ne savons plus trouver le temps de nous reposer ou de nous délasser. *Il faut* pourtant que nous arrivions à conserver notre capacité de jouir, *il faut* que nous trouvions le bonheur à tout prix. Aussi un grand nombre de personnes prennent-elles des stimulants ou des narcotiques afin de se procurer le bonheur physique. Elles recourent aux drogues pour échapper aux misères de la vie, et pour se procurer les jouissances que leurs esprits déprimés et leurs sens affaiblis peuvent encore trouver dans la vie.

Quand Frances Willard étudia, la première, les effets de l'intempérance sur les classes laborieuses de notre pays, elle dit: «Ils sont pauvres parce qu'ils boivent.» Mais avant peu, elle renversa les termes et dit: «Ils boivent parce qu'ils sont pauvres.»

Prenez le cas d'un ouvrirer ordinaire, travaillant dans une grande usine; il *doit* travailler comme un esclave toute la journée, et souvent même encore le soir; il n'a que bien peu d'heures libres à sa disposition. Pouvons-nous le blâmer s'il cherche, pendant ces quelques heures, à se procurer des sensations qui coupent un peu la monotonie de sa vie journalière, et lui ouvrent le Nirvana où s'endorment ses nerfs et son corps fatigués? S'il ne le faisait pas, il deviendrait fou, ou se tuerait. Telle est la loi de la nature. Et comment un homme qui ne connaît que la fatigue du corps et de l'esprit, pourrait-il reconnaître et chercher pendant ses brèves heures de loisir le vrai bonheur de la vie? Il croit qu'il n'y a qu'un moyen à sa portée de se procurer l'indispensable réaction; une seul sorte de bonheur qui est offerte. Il pense qu'il doit boire jusqu'à ce qu'il soit assez ivre pour oublier son existence, et se procurer des sensations et des visions agréables.

Ceci est un exemple extrême. Mais il sert à faire comprendre les tendances anormales de notre époque auxquelles tous nous sommes exposés dans une certaine mesure, en tant que la vie fait de nous des machines et des esclaves. Nous craignons de perdre notre faculté de jouir de la vie; nous craignons que le souci et la peine nous privent du bonheur. Et si nous ne sommes pas capables de remplacer la crainte et le souci par le vrai bonheur qu'on trouve dans une vie normale, nous recourons aux moyens extérieurs, tels que les drogues et les stimulants, pour nous procurer la contrefaçon pathologique du bonheur.

Autrefois on recourait peu à ces moyens factices de donner un coup de fouet aux nerfs fatigués et au cerveau affaibli; on avait davantage recours aux moyens naturels. Maintenant, nous voyons les hommes recourir constamment aux boissons alcooliques ou à l'usage immodéré du tabac.

Les hommes d'affaires forcent constamment leur système nerveux et leur cerveau à fournir un travail intensif, et ils se servent de ces moyens artificiels jusqu'à ce qu'ils aient épuisé toutes leurs réserves; puis, lorsque survient la maladie, ils n'ont plus aucune force de résistance.

Le souci et la crainte ont fait plus d'ivrognes que toute autre cause. Tout ce qui peut faire évanouir les soucis, délivrer de l'oppression que causent l'inquiétude et la crainte, tout ce qui peut procurer du repos à l'esprit déprimé, angoissé et anxieux, voilà ce que l'humanité recherche.

Les millions d'hommes qui se ruent constamment dans les cafés le font parce qu'ils croient que la boisson leur procurera un soulagement momentané à ce qui les trouble, et qu'ils seront alors dans de meilleures conditions pour faire leur travail. Bien peu d'entre eux se rendent compte où les conduira la constante stimulation des liqueurs, du tabac, du café et des drogues. Ils ne réalisent pas que cette excitation sera suivie d'une réaction fatale. Ils ne savent pas que l'alcool paralyse momentanément les nerfs des parois des vaisseaux sanguins du cerveau, qui retiennent ainsi une plus grande quantité de sang, et que cette congestion temporaire, qui donne l'illusion d'une activité plus intense du cerveau, est toujours suivie d'une réaction déprimante.

Tout ceci renforce la constatation de notre besoin inné de bonheur, et la fatal influence de la crainte et du souci. Pourquoi la plupart d'entre nous, qui avons cependant une assez bonne position en ce monde, ne sommes-nous pas plus capables d'être heureux?

C'est que nous cherchons en dehors de nous l'aide qui est en nous. Et, dès que l'homme dépend d'une aide extérieure, il se sépare de la source du pouvoir; il rompt le câble divin. Il enlève le trolley et n'est plus en contact avec le courant divin. Il a en lui tout le mécanisme nécessaire pour faire mouvoir sa machine humaine; mais pour recevoir l'énergie divine il faut qu'il mette le trolley de la foi et de la vérité en contact avec le courant divin.

Si nous étions en contact avec la Puissance infinie, nous serions sereins et équilibrés. C'est autant notre devoir de chasser tout ennemi de notre santé et de notre bonheur, que de chasser les voleurs de notre maison. Le souci et l'inquiétude n'ont pas plus le droit d'assombrir nos vies que les bêtes sauvages n'ont le droit de vivre dans nos demeures.

L'harmonie est aussi normale, pour l'homme que Dieu a fait, que pour la musique.

«Prenez garde de ne pas vous faire du souci.» «Restez gai et ne vous tourmentez pas.» Ces injonctions que l'on entend fréquemment tomber de la bouche du docteur lorsqu'il accompagne ses patients, montrent que les médecins croient à l'influence fatale, pour la santé, des soucis et de la tirstesse; ils les considèrent comme des malédictions.

Le souci empoisonne le sang, nuit à la nutrition; le sang empoisonné, empoisonne à son tour la pensée, et empêche tout progrès mental. «Un jour de souci est plus fatigant qu'une semaine de travail. Le souci désorganise tout notre être, le travail le maintient en bonne santé et en équilibre.»

«Chaque moment de souci affaiblit l'âme pour son combat journalier, écrit un prédicteur bien connu. Le souci est une infirmité, il ne renferme aucune vertu. Le souci est une myopie spirituelle, une mauvaise habitude de regarder aux petites choses, et d'en exagérer la valeur.»

«Le souci est une espèce de folie. Nous traiterions d'insensé un homme qui prendrait chaque jour une dose de poison pour fortifier sa santé. Celui qui désire arriver au bonheur, et qui conserve l'habitude de se faire du souci, n'est pas moins déséquilibré. C'est se diriger vers le nord pour trouver le sud, descendre à la cave pour contempler l'arc-en-ciel; c'est paralyser la force qui nous aiderait à surmonter le mal.»

Que penseriez-vous d'un homme, sur le point de faire faillite, qui irait à la banque chercher le dernier argent dont il peut disposer, et le jetterait par la fenêtre, ou le dépenserait follement?

Comprenez-vous, vous qui vous faites constamment du souci, que vous agissez d'une façon tout aussi insensée? Votre puissance cérébrale, votre énergie, vos capacités sont le capital avec lequel vous devez faire face à la vie, et cependant chaque nuit d'insomnie, chaque moment d'inquiétude, d'agitation et de tension nerveuse, draine votre précieux capital. Vous vous rendez malheureux, ainsi que ceux qui sont autour de vous; vous détruisez le bonheur de votre foyer; vous abrégez votre vie pour des mois, peut-être même des années. Vous voulez toujours dépendre des choses extérieures pour vous assurer le repos d'esprit, le confort, le bonheur, le succès. Mais ces choses sont sujettes aux accidents et, en mettant en elles votre confiance, vous repoussez tout ce que la vie pourrait vous offrir.

L'homme a un droit inaliénable au succès et au bonheur. Les enfants de Dieu ne sont pas les victimes de la chance, les jouets d'une destinée cruelle. Le courage et la gaîté sont en notre pouvoir, ils sont notre sûreté et notre préservation.

Il n'y a pas de pire tyran que le démon du souci, mais il ne peut nous tourmenter que si nous le lui permettons.

Il y a, il est vrai, des événements qui fondent sur nous sans que nous nous y attendions, certains états psychiques que nous ne pouvons ni prévoir ni empêcher. Mais une fois que nous en sommes conscients, nous pouvons les maîtriser. Nous pouvons transformer la plus pénible expérience en bonheur. Il n'y a pas de plus grande joie que de surmonter le chagrin et l'amertume. Dans une semblable victoire, nous trouvons un bonheur plus grand que tout ce que nous aurions pu rêver.

Nous sommes invités aujourd'hui à surmonter le souci, et cela nous ramène à l'ancien combat contre la crainte. La crainte doit disparaître. Cependant, à travers nos longs conflits, nous n'avons pas encore pu enlever cette citadelle. Il continue à nous terroriser, ce vieil ennemi de la race, qui nous dérobe notre bonheur et notre énergie, qui fait de nous des lâches obsédés par le souci, l'inquiétude, la jalouise et le sentiment de notre déchéance.

Il est grand temps que nous réalisions que nous ne pouvons pas le vaincre seuls. Au lieu de l'attaquer en face, nous devons inviter un autre, inconnu de lui et plus fort que lui, à venir le combattre. De même que la crainte ravage notre imagination, ce nouveau venu absorbera toutes nos pensées et nos sentiments, jusqu'à ce qu'à la fin il accapare pour lui le pouvoir que nous avons si longtemps donné à la crainte; il sera l'antidote de la crainte — et son nom est la Foi.

Quand nous aurons donné pleins pouvoirs à la Foi, nous verrons la Crainte tomber de son trône. Nous ne pouvons pas l'en déloger par la force, mais petit à petit nous pouvons la pousser de côté pour lui faire céder la place à un maître plus puissant qu'elle. Et quand la crainte n'existera plus, le souci nous quittera aussi, et nous serons délivrés de ces deux ennemis jumeaux de notre bonheur. L'homme trouvera dans cette foi sublime une sécurité, une liberté, une force qu'il ne peut concevoir; il deviendra participant du pouvoir divin.

CHAPITRE XVIII
L'effort fait pour sauver les apparences tue le bonheur

Vous pouvez acheter une somme de bonheur familial à peu de frais, mais un bonheur fashionable coûte toujours plus que vous ne pouvez le payer. Vous ne pouvez diminuer les dépenses quand vous avez à sauver les apparences, c'est-à-dire l'apparence d'être ce que vous n'êtes pas.

Il n'y a pas longtemps qu'à New-York, on vendait aux enchères la maison et tous les biens d'une veuve. On découvrit que cette ambitieuse mère, dans le but de marier ses filles avec des jeunes gens au-dessus de leur condition, avait fait des efforts désespérés pour sauver les apparences, et contracté des dettes qui, finalement, lui coûtaient tout ce qu'elle possédait. Elle devait de grosses sommes aux fleuristes, aux fournisseurs, à la couturière; elle avait, pendant longtemps mené un train de vie bien au-dessus de ses moyens, sauvant les apparences par de perpétuels mensonges. Et tout ceci, grâce à sa folle ambition de marier ses filles avec des hommes riches. Cette famille aurait pu vivre confortablement avec ses modestes revenus, sans la stupide ambition de la mère. Des milliers de francs furent dépensés pour maintenir un luxe semblable à celui d'autres jeunes filles beaucoup plus fortunées. Et maintenant, la mère n'a plus de maison, et les filles n'ont point de maris.

C'est l'ambition effrénée, l'égoïsme, la lutte mauvaise pour sauver les apparences, qui font le malheur de bien des foyers. Pourquoi tant de gens, dans les grandes villes, se rendent-ils la vie dure et difficile pour sauver les apparences, quand ils pourraient connaître de réelles jouissances, être contents et heureux, être quelqu'un et faire des choses utiles dans de plus petites villes, où les habitants sont moins ambitieux et moins acharnés à gagner de l'argent et à vivre somptueusement?

Je connais, à New-York, deux jeunes mariés qui sont parfaitement malheureux parce qu'ils ne peuvent pas s'introduire dans la société fashionable, et vivre et s'habiller comme ceux qu'ils envient. Il sont toujours soucieux et tourmentés, et ne jouissent de rien à moins qu'ils ne puissent faire une impression sur les autres. Ils font tout pour sauver les apparences, parce qu'ils sont les esclaves de l'opinion du monde.

Ce n'est pas tant notre manque de confort, de luxe, que notre envie, notre égoïsme, nos fausses ambitions, qui nous rendent malheureux.

Quelle terrible souffrance, quelle gêne nous endurons en sacrifiant à l'opinion! Quels esclaves, quels fous nous sommes, quand nous nous préoccupons de ce que pensent les autres, quand nous les forçons à nous croire supérieurs à ce que nous sommes réellement!

C'est l'opinion des autres qui coûte cher, qui nous rend mécontents de notre lot, qui nous fait lutter en esclaves pour sauver les apparences.

La lutte pour égaler ceux qui sont plus fortunés que nous constitue une des tragédies de notre époque. Les dettes sont une des plus grandes sources de malheur, spécialement pour les jeunes époux.

Dans les grandes villes, beaucoup de gens se sentent perdus. Ils ne peuvent garder le rang que comporterait leur éducation, leurs goûts et leur culture. Ils ne peuvent frayer avec la société qui répondrait à leurs goûts, et ne désirent pas se mêler aux gens vulgaires et non cultivés. Ils ne sont pas à leur place.

Bien des familles, à New-York, vivent dans une misère perpétuelle à cause de cet état de choses. Je connais un homme d'affaires qui n'a qu'un modeste revenu; sa femme et lui sont des personnes cultivées, bien élevées, aux goûts raffinés, et ils ne veulent pas vivre dans une des parties de la ville qui correspondraient à leur revenu. Il en résulte qu'ils sont obligés de lutter pour vivre dans un quartier riche, et qu'une fois le loyer payé, ils ont peu de chose à consacrer à leur nourriture, à leurs vêtements et à leurs plaisirs. Beaucoup de personnes semblent croire qu'il est déshonorant de ne pas avoir un gros revenu, et que le bonheur de la vie consiste à dépenser beaucoup d'argent pour les objets de luxe. Mais, après tout, qu'est-ce que la fortune rapporte le plus souvent? Le malheur, une mauvaise santé, grâce aux excès de table ou de plaisirs.

D'autre part, beaucoup de personnes se privent de jouissances parce qu'elles sont les esclaves d'une fausse économie et d'un travail excessif. Une économie mesquine, frisant l'avarice, les prive de tout, même dans leur propre foyer.

Elles voient partout de la dissipation, conseillent à chacune de ne pas trop user de ceci ou de cela, et rendent leurs alentours malheureux.

Je connais un homme qui, à force de répéter dans son ménage qu'on emploie trop de beurre et trop de viande, fait du moment des repas une terreur pour sa famille. Sa femme et ses enfants n'osent acheter des souliers ou tout autre article d'habillement, tant le chef de la famille fait de difficultés et d'objections à chaque achat.

Un des plus vilains traits des maris avares est la censure qu'ils aiment à exercer sur les dépenses de leur femme, leur enlevant ainsi toute joie et tout intérêt pour le bien du ménage. S'il arrive à la femme de faire un mauvais marché, le mari se fâche si fort qu'elle en est malheureuse, tandis que lui-même fait toutes espèces de folles dépenses, et apporte parfois à la maison des objets absolument inutiles qui représentent de l'argent gaspillé.

Un mari de ma connaissance ne demande jamais à sa femme ce dont elle peut avoir besoin dans la maison, et ne lui donne jamais d'argent pour acheter elle-même ce qui lui manque. Par contre, il achète des meubles chez des marchands de bric-à-brac, et, dans des ventes aux enchères, toutes sortes d'objets absolument hors de saison. Et cependant la femme n'ose pas critiquer son mari. Il achètera, par exemple, toute la collection des livres d'un auteur, parce qu'il les a obtenus à bon marché, alors que cette collection ne renferme peut-être pas un volume qui intéresse les membres de la famille, et que sa femme sache parfaitement que quelques volumes, choisis parmi les bons auteurs, auraient bien plus de valeur que toute la collection de rebut apportée par son mari.

Il n'y a peut-être pas de qualité qui soit plus mal comprise que l'économie. Et ceci est tout particulièrement vrai en ce qui concerne le foyer. Une fausse économie est fatale à sa joie. Chez plusieurs, l'économie devient du fétichisme. Une multitude de choses qui ne serviront jamais et qui devraient être détruites sont remisées dans des greniers et des armoires.

J'ai présent à la mémoire un intérieur où l'atmosphère de pauvreté et de privations prédomine. La famille n'a aucun des conforts de la vie. De fausses idées sur l'épargne ont infesté chacun de ses membres, au point qu'il est vraiment pénible de leur rendre visite. Je dînais chez eux, dernièrement, lorsque le petit garçon, âgé de six ans, fit remarquer qu'on servait du maquereau parce qu'il coûtait meilleur marché que les autres poissons. Même les petits se préoccupaient du prix des denrées devant les hôtes!

Beaucoup d'hommes laissent leurs femmes se surmener pendant les premières années du mariage, dans le but d'économiser quelque argent qui leur permettra de tenir un certain rang; puis, lorsqu'ils prospèrent ensuite, ils ont honte de leurs femmes parce que le rude travail auquel elles se sont astreintes, et leur oubli d'elles-mêmes, ont détruit leur éclat, qui les rendait attrayantes. Alors le mari se figure que sa femme n'est plus assortie avec lui, et il se divorce pour épouser quelque jeune fille plus jolie qui pourra briller en société.

J'ai vu, à Washington, des hommes qui se sont élevés sur l'échelle sociale et sont devenus membres du Congrès, grâce à une économie rigoureuse dont ils ont eu beaucoup moins à souffrir que leurs femmes. Je les ai vus dans les réceptions publiques, où ils auraient dû être fiers de conduire leurs épouses, non seulement éviter de les y introduire, mais encore se dévouer à des femmes plus jeunes et plus attrayantes.

Il n'y a pas longtemps, dans une réception, je vis un multimillionnaire, sorti de la plus extrême pauvreté, et dont la femme a sacrifié sa beauté, sa grâce et ses charmes dans la lutte terrible qu'ils ont dû soutenir pour arriver à la position qu'il occupe. Elle avait un doux visage, mais l'expression en était triste. Il révélait un caractère, mais n'avait plus rien de ce qui plaît aux hommes.

Le mari était très correctement vêtu; il paraissait frais et vigoureux, car sa constitution était beaucoup plus solide que celle de sa femme. Il était si occupé à converser et à rire avec des femmes plus jeunes et plus gracieuses, qu'il en oubliait de prendre le temps de les présenter à sa pauvre femme, qui semblait pleinement consciente d'avoir perdu l'attrait qu'elle avait autrefois pour son mari, grâce aux années de dur labeur et d'économie qu'elle avait dû supporter. Deux fois seulement, de toute la soirée, je vis cet homme présenter quelqu'un à sa femme, et comme par acquit de conscience.

Il semblait à peine possible que cette femme, si peu mondaine en apparence, et chez laquelle la joie de vivre paraissait éteinte, fût l'épouse de cet homme beau et attrayant qui, soit dit en passant, ne s'était pas tué de travail pour parvenir à la position qu'il occupait.

Je pus me renseigner sur l'histoire de ce couple, et j'appris que leur fortune était due bien plus à la sagacité, au dur travail et à l'oubli d'elle-même de la femme, qu'à l'habileté du mari. Et, maintenant que celui-ci possède la fortune, il met pratiquement son épouse de côté. Il court le pays en automobile; sa société est très recherchée parce qu'il dépense sans compter, mais sa pauvre femme, sauf en de rares occasions, reste seule à la maison.

C'est ainsi qu'il conserve son attrait physique et sa robustesse, et maintenant qu'ils sont au faîte de leur prospérité, au moment de jouir de ce qu'il possèdent, la femme est déjà «finie». Elle paraît âgée, quoiqu'ils soient du même âge, tandis que lui est dans la fleur de sa virilité.

Sa jeune épouse a été trop peu égoïste, trop dévouée, trop anxieuse d'économiser et d'aider son mari à s'élever, pour économiser ses forces et conserver sa beauté. Elle lui a tout donné, et il ne l'apprécie plus. Ainsi l'égoïsme et une économie exagérée ont détruit le bonheur de leur âge mûr.

De nos jours, les foyers sont sollicités par Charybde et Scylla, — en péril d'être entraînés dans le gouffre de l'extravagance, ou d'être mis en pièces sur le roc d'une fausse économie. Le bonheur du foyer consiste à poursuivre sa course sur la mer plus calme du contentement d'esprit, de la simplicité, et d'une saine jouissance de la vie.

CHAPITRE XIX
Le contentement d'esprit est le secret du bonheur

Tous les délicieux détails de la vie, la courtoisie, les choses exquises, celles qui valent la peine d'être remarquées, nous échappent, à cause de l'allure folle avec laquelle nous passons. Nous n'avons pas le temps de les voir, de les apprécier et d'en jouir. Nous ne prenons pas le temps de jouir de nos amis. Semblables à un chauffeur d'automobile, nous concentrons toute notre intelligence sur la machine à diriger et sur la route qui s'étend devant nous.

Les dos voûtés, les cheveux prématurément gris, le pas lourd et la hâte fiévreuse, sont des conséquences de la vie affairée que nous menons. L'agitation et le mécontentement sont devenus chroniques, et forment la caratéristique de notre époque.

La hâte, la lutte et l'effort ne constituent pas la vie; c'est la fièvre, une maladie bien nommée «l'affairisme». Elle n'a aucune relation avec le bonheur.

Lorsqu'on demanda à Oliver Wendell Holmes le secret de sa merveilleuse jeunesse (il était dans sa quatre-vingt-huitième année), il répondit: «Elle est due presque uniquement à la gaîté et au contentement d'esprit que j'ai toujours conservés à chacune des périodes de ma vie. Je n'ai jamais ressenti les angoisses de l'ambition... C'est le manque de repos, le mécontentement et l'inquiétude qui font vieillir prématurément et rident les visages. Les rides ne peuvent apparaître sur un visage qui sourit constamment. Le sourire est le meilleur des massages. Le contentement est une vraie fontaine de Jouvence.»

L'ambition que le génial docteur condamne est celle qui recherche la notoriété, la louange, l'admiration, la fortune et la gloire, et non celle d'être utile dans ce monde, de se mettre au service de l'humanité et de se montrer le travailleur le plus noble, le meilleur et le plus capable.

«Oh! le jour heureux que celui où l'on abandonne l'ambition d'être le plus riche, le plus sage, le plus habile, et où l'on se contente de ce que l'on a! Quand la fièvre de la possession tombe, on s'aperçoit que les richesses du riche, la joie de l'heureux et la force du fort sont à nous — oui, vraiment — alors l'aube du millenium se lève pour nous.»

Ici et là, nous rencontrons des caractères si bien équilibrés, des personnalités si riches de ces qualités du cœur que la fortune ne peut acquérir, que les gens les plus fortunés les envient. Quoique pauvres peut-être en biens matériels, il sont riches en contentement d'esprit, en harmonie, en choses qui valent la peine. Les gens qui possèdent la fortune, mais rien d'autre, ne peuvent comprendre pourquoi ils ne peuvent acheter ces choses. Ils courent le monde pour trouver le bonheur, et ce qu'ils acquièrent n'est qu'une bien pâle contrefaçon des richesses réelles de ces simples et beaux caractères, dont la plupart n'arrivent jamais à jouir des richesses matérielles.

Je connais une pauvre femme qui possède très peu des biens de ce monde, mais c'est une vraie jouissance que de l'entendre parler des merveilleuses beautés qu'elle découvre dans les paysages, dans le coucher du soleil et dans les fleurs. Elle apprécie les beautés de la nature répandues partout autour de nous, et que la plupart d'entre nous voient sans les voir et sans en jouir; et toutes les petites choses de la vie, les expériences communes auxquelles nous attachons si peu d'importance, sont pour elles pleines d'enseignement, et lui causent un plaisir infini.

L'habitude de penser et d'affirmer que les choses sont telles que vous les désiriez, telles qu'elles doivent être, de retenir avec ténacité l'image mentale de vous-même tel que vous désirez être, l'habitude de penser et d'affirmer que vous ne pouvez manquer de rien puisque vous êtes un avec le Tout-Puissant, un avec votre Créateur, vous aidera à réaliser vos désirs, et vous donnera aussi une merveilleuse sensation de sérénité et de contentement.

La vie est en accord avec la pensée. Quand l'esprit suit suffisamment longtemps une certaine ligne de pensée, il tend à la faire prévaloir dans la vie. La contemplation du beau, de ce qui est sublime, noble et vrai, et l'effort pour réaliser ces choses dans la vie, font les beaux caractères. Nos désirs, nos aspirations sont reproduits dans nos vies.

Beaucoup d'entre nous, au lieu de saisir le bonheur qui est à notre portée, chaque jour, l'attendent toujours de l'avenir. Mais ce n'est qu'un vain rêve ! Cette heure ne viendra jamais.

«Celui qui ne sait pas trouver sa satisfaction et son contentement aujourd'hui, qui ne se réjouit pas du soleil et des bénédictions que Dieu nous dispense de moment en moment, ne trouvera jamais le chemin du Paradis; il vivra et mourra dans le mécontentement.»

Ce sont les devoirs tout ordinaires, la routine de chaque jour, au foyer, au magasin, à la fabrique, qui forment notre caractère.

Quand les gens apprendront-ils que le bonheur est le produit naturel de nos pensées, de nos efforts, de nos bonnes ambitions, de notre attitude mentale, tout comme la solution d'un problème de mathématiques est le résultat d'un procédé scientifique? Tant de gens s'imaginent qu'il est dû à la chance !

C'est une fausse ambition que celle qui nous pousse à faire comme les autres, non pas que cela ajoute quoi que ce soit à notre confort ou à notre bien-être, mais uniquement parce que nous sommes dévorés du désir de surpasser les autres, d'avoir une plus belle maison, de vivre dans un plus joli quartier, d'habiller un peu mieux nos enfants, de nous entourer de plus de luxe. Mais, somme toute, ces choses sont-elles réellement utiles, et valent-elles la peine que nous en fassions tant de cas? La bonne ambition est celle qui consiste dans le désir de s'enrichir moralement et intellectuellement, d'être soi-même, d'avoir chaque jour plus de foi en soi et dans les autres, l'ambition d'être utile dans ce monde, et cette ambition-là procure le contentement et le vrai bonheur.

Partout, nous rencontrons des hommes mal équilibrés, de véritables caricatures de l'homme que Dieu voulait, des hommes qui ont nui au développement de leurs facultés sociales et esthétiques, à leur croissance morale, par la lutte incessante qu'ils ont soutenue pour mettre quelque argent de plus dans leur bourse.

Des multitudes ont sacrifié leur famille, leur foyer leurs amis, leur santé, leur confort, et même leur honneur, pour apaiser cette horrible fièvre, cette ambition démesurée qui veut toujours plus, cette faim et cette soif perpétuelles qui ne se déclarent jamais satisfaites.

Quand un homme est devenu la proie de cette ambition égoïste, sordide, malsaine, de gagner de l'argent, il est mort à tout ce qu'il y a de meilleur dans la vie. Il ne peut plus apprécier la gloire et la grandeur de l'existence; ses jouissances sont purement animales.

Y a-t-il rien de plus fou que l'idée que se font tant de personnes que l'avenir sera très différent du présent? Y a-t-il une raison de supposer que demain sera différent d'aujourd'hui? Pourquoi permettons-nous au mirage de demain de nous cacher les beautés d'aujourd'hui? Pourquoi permettons-nous à des joies anticipées de nous empêcher de jouir de celles qui sont actuellement à notre portée? Nous foulons aux pieds les violettes et les pâquerettes, pour essayer d'atteindre les fleurs des buissons.

Malheur à celui qui nourrit une ambition égoïste, qui s'y livre aveuglément et croit obtenir ainsi le contentement d'esprit, car plus une semblable action est entretenue, plus elle réclame! Elle ressemble à l'eau-de-vie que prend un ivrogne, soi-disant pour se désaltérer; plus il en boit, plus il a le feu dans le corps.

La majorité des hommes semblent croire qu'ils peuvent acheter le bonheur. Mais ils ne peuvent acheter que le plaisir des sens, qui ne ressemble en rien à la joie et au bonheur s'acquérant par le mérite. Ils confondent plaisir et bonheur.

Le monde est plein de bonheur, et nous pouvons tous en récolter une bonne part, si seulement nous voulons prendre celui qui se trouve sur notre route.

La plupart des gens recherchent le bonheur égoïstement. Ils essayent de trouver quelque chose qui augmentera leur confort, qui chassera leurs impressions désagréables et changera leur humeur. La grande majorité des gens s'imaginent que le bonheur consiste dans la satisfaction de leurs désirs. Mais ce n'est qu'une illusion, car la satisfaction des désirs est toujours suivie d'une réaction, qui réclame de nouvelles satisfactions. L'appétit de la passion survit à toutes les possibilités de satisfaction. Plus on lui cède, plus il devient impérieux. Il survit, même lorsque sa victime est anéantie.

Combien de personnes entendons-nous se plaindre de ce que la vie leur a donné bien peu de chose! C'est justement cet état d'esprit qui les a empêchées de recevoir davantage. Ce sont ceux qui attendent le plus de la vie qui en reçoivent le moins, et ceux qui donnent le plus à la vie qui en reçoivent le plus. Un fermier pourrait tout aussi bien s'asseoir et se demander combien sa ferme lui rapportera sans travailler. Certaines gens voudraient récolter sans avoir semé.

Semez dans votre vie de l'amour et du contentement, de la gaîté et du service désintéressé, et vous ne vous plaindrez pas de ce qu'elle vous rend peu.

«Il y a un mécontentement qui est bon et sain, et il y en a un qui est mauvais et fait du mal, disait Ella Wheeler Wilcox.

«À moins que vous n'ayez un cœur reconnaissant, un cœur qui remercie Dieu pour tous ses bienfaits, votre mécontentement est probablement purement égoïste. Aucune vie n'est complètement privée de sujets de reconnaissance, et l'habitude de la gratitude est un des meilleurs éléments de succès et de bonheur.

«Si vous vous réveillez le matin en disant: Je remercie Dieu pour cette nouvelle journée et les bénédictions qu'elle m'apportera, alors vous pourrez ensuite dire à vous-même et à votre Créateur que vous n'êtes pas satisfait de votre entourage ou de votre situation, et lui demander la force et la sagesse pour les changer et les améliorer.»

Le vrai bonheur vient du développement de ce qu'il y a de meilleur en nous. L'égoïsme ne peut jamais procurer le bonheur, parce qu'il développe justement ce qui nous empêche de l'atteindre. Vous ne trouverez le bonheur que si vous le cherchez avec un cœur pur, un esprit droit, dans un noble but, sans égoïsme, et avec le désir de contribuer au bien-être des autres.

Même si la route vous paraît sombre, si vous ne voyez aucune issue, ne croyez pas qu'il n'y en aura point, et que vous ne pourrez jamais montrer ce que Dieu a mis en vous parce que vous vous trouvez temporairement dans un milieu défavorable, sans voir aucun moyen d'en sortir. Attendez, travaillez, et ayez confiance. Lorsqu'une porte se ferme, une autre s'ouvre.

La vraie attitude mentale est un puissant aimant; affirmez constamment ce que vous désirez être ou posséder, et vous l'obtiendrez. Si vous désirez être en bonne santé et fort, répétez-vous constamment: «Je suis bien; je vis dans l'abondance; il ne peut y avoir aucun déficit, aucune pauvreté, aucun besoin dans ma vie; je suis riche parce que je suis en communion avec le Principe divin.»

Comment peut-on s'attendre à être heureux et content lorsqu'on se complaît dans sa misère et ses chagrins, et qu'on exprime constamment son mécontentement par ses pensées et ses actions? Telle est la pensée, tel est l'homme. Notre état d'esprit est le résultat logique de nos pensées. Le seul bonheur que nous puissions posséder est le produit scientifique de notre pensée et de nos actions. Si vous n'êtes pas satisfait de la sorte de bonheur qui est votre partage, analysez-le, et vous verrez que ce que nous venons de dire est absolument juste. Le bonheur n'étant que le résultat, le produit scientifique de vos expériences passées, de vos pensées et de vos actions, si vous êtes mécontent et misérable, vous êtes seul à blâmer.

Il ne servirait à rien que vous parcouriez le monde entier à la recherche du bonheur; si vous ne l'avez pas en vous-même, vous ne l'aurez jamais. L'histoire est remplie des naufrages de ceux qui ont désespérément cherché le bonheur toute leur vie, et ne l'ont jamais trouvé, tandis que d'autres l'ont trouvé, sans le chercher, dans l'accomplissement de leurs devoirs journaliers, dans leurs efforts pour rendre la vie plus facile et plus agréable à ceux qui les entouraient.

«Le côté lamentable du droit qu'ont les hommes de chercher le bonheur, dit Charles Dudley Warner, est que la plupart d'entre eux le confondent avec la poursuite de la fortune, remettant le moment d'être heureux à plus tard; et lorsqu'ils ont réussi à gagner de l'argent, ils découvrent finalement que le bonheur les a fuis, et qu'ils n'ont pas cultivé en eux-mêmes ce qui aurait pu le leur procurer.»

Je connais un homme qui s'est distingué dans sa spécialité, et qui cependant est inquiet, mécontent, plus qu'aucun homme de ma connaissance. Il se compare toujours aux autres, à ceux qui ont mieux réussi que lui, et ont amassé une plus grande fortune. La vue de gens qui sont parvenus plus vite que lui, la pensée qu'ils ont une meilleure réputation, l'irritent. Ses yeux sont tellement occupés à regarder les progrès d'autrui, qu'il ne voit plus les siens, et il ne jouit pas de ce qu'il possède.

Il a une famille idéale, une noble femme, de superbes enfants, et quoique sa demeure ne soit pas tout à fait aussi luxueuse que celle de ses opulents voisins, il a cependant beaucoup d'avantages et de confort. Sa forte constitution, son bonheur familial, ne semblent pas compter pour lui.

Son regard est toujours fixé sur ce que les autres font ou possèdent, et quoiqu'il ne prenne pas le temps de cultiver ses amitiés, ou de jouir de la vie, il regrette encore de ne pas avoir su travailler assez pour dépasser les autres.

Eh bien, si cette homme voulait seulement reconnaître ces faits, il changerait complètement son attitude morale, et en quelques mois il serait tout autre. S'il voulait se recueillir chaque jour quelques minutes, et chasser de son esprit son envie et sa jalousie, sa mauvaise ambition, pour essayer d'apprécier ce qu'il possède; si chaque matin il se félicitait du bonheur qu'il a de posséder une famille comme la sienne, il apprendrait bien vite à reconnaître à quel point il est favorisé, et il ne s'inquiéterait plus de ce que possèdent les autres.

Nul ne peut être heureux en enviant les biens d'autrui. Nous perdons une grande partie de la joie de vivre en enviant ce qui appartient aux autres, au lieu d'accepter joyeusement les petits plaisirs qui nous viennent chaque jour. Nous ne trouvons plus de plaisir à notre propre voiture, parce que nous envions la luxueuse limousine du prochain. Nous ne jouissons plus de notre modeste foyer, parce que nous envions la somptueuse résidence du voisin. Nous ne goûtons plus la joie de voyager en train ou en bateau à vapeur, parce que quelqu'un d'autre peut se payer le luxe d'avoir son yacht ou son automobile. La vie a une pleine mesure de bonheur pour chacun de nous, si nous voulons seulement jouir de ce qu'elle nous offre, sans envier ce qu'elle offre au voisin.

Combien d'entre nous ressemblent au bouton d'or enviant la pâquerette des champs parce qu'elle avait une si jolie collerette autour du cou! Mais un rouge-gorge qui passait, entendant ses lamentations, lui fit comprendre que c'était folie de désirer être autre chose que ce qu'il était.

Robert Burns décrit l'homme heureux, en disant que c'est celui qui se contente de peu, et qui sait jouir lorsqu'il a davantage.

«Soyez contents de ce que vous avez», dit l'apôtre. Ce contentement-là fraye la voie à une satisfaction toujours plus grande.

La force de notre volonté, l'influence de nos pensées, la manière dont nous prenons la vie, l'interprétation que nous donnons aux faits et aux expériences journalières, sont des facteurs déterminants de la joie ou du désappointement que nous éprouvons dans ce monde.

CHAPITRE XX
Les destructeurs de la joie du foyer

Nous avons des attentions pour les étrangers et des sourires pour nos hôtes, mais nous réservons souvent notre ton amer pour ceux que nous aimons le plus.

Ne connaissez-vous aucun de ces hommes qui sont charmants en société, affables avec les étrangers, aimables dans leurs bureaux ou leurs affaires et qui, dès qu'ils sont chez eux, jettent le masque, ne prennent plus aucun souci de surveiller leur ton ou leurs manières, et critiquent et blâment tout ce qui ne leur convient pas?

Nous avons certainement tous rencontré cet homme, bon garçon en société et bouledogue dans sa maison.

Cette espèce de bouledogue est un curieux animal. Je l'ai vu au fort d'un accès de rage, alors qu'il semblait ne plus se posséder, devenir, en un instant, doux comme un mouton quand la sonnette de la porte d'entrée annonçait une visite, prouvant ainsi qu'il savait se maîtriser lorsque sa vanité ou son amour-propre étaient en jeu.

Nous le voyons souvent à son foyer, muet, fermé, sombre, hargneux; il ne fait aucun effort pour se rendre agréable aux repas. À son club, ou aux affaires, même si les choses ne vont pas comme il le voudrait, il se sent obligé de se surmonter, car il est trop orgueilleux pour se montrer tel qu'il est; mais quand il est chez lui, il pense que rien ne l'oblige à se rendre agréable, qu'il a le droit de faire ce qui lui plaît, et d'être aussi maussade qu'il le désire. Il ne fait aucun effort pour se maîtriser.

Une telle grossièreté est un des destructeurs les plus communs de la joie du foyer.

Sans doute la femme a souvent aussi des torts; cependant elle fait certainement plus d'efforts que l'homme pour maintenir la paix du foyer. Le mari est plus égoïste, et plus indifférent au bonheur domestique; il laisse volontiers à sa femme la responsabilité de créer un intérieur heureux et d'y entretenir la joie.

«S'il y a des femmes qui ne savent pas être de vraies compagnes pour leurs maris, il y a bien plus d'hommes qui, pour une raison ou pour une autre, ne leur en offrent pas l'occasion», écrit Mme John Logan.

La plupart des hommes ne comprennent pas la soif de sympathie et le désir d'intimité qu'éprouvent les femmes. Une femme ne peut pas plus vivre une vie normale, quand son mari lui témoigne de l'indifférence, que la rose ne peut répandre son parfum et offrir sa beauté sans les rayons du soleil. C'est sans doute la raison pour laquelle tant de femmes cherchent ailleurs la sympathie que leurs maris leur refusent.

Beaucoup d'hommes pensent que pourvu qu'ils ne battent pas leurs femmes, pourvu qu'ils les nourrissent et les habillent, elles doivent s'estimer heureuses. Mais ces choses ne peuvent assurer le bonheur du genre de femme que vous voudriez pour épouse, ami lecteur.

Il arrive souvent qu'un homme épouse une jeune fille jolie, gaie, brillante, qui le charme par ses réparties; puis, au bout de peu de temps, on constate un changement complet dans le caractère de la jeune femme, changement provoqué par les perpétuelles observations de son mari, qui, s'il ne la brutalise pas, la comprime par ses critiques sévères et ses exigences déraisonnables. Cette atmosphère de critique et de sévérité tue la joie, et la jeune femme perd tout naturel et toute spontanéité.

Pensez à ce que souffre une jeune épouse qui sent sa gaîté et sa vivacité l'abandonner. Sa beauté et sa jeunesse se fanent, car son expansion est comprimée par un entourage réfrigérant et sans amour.

Quelqu'un me racontait dernièrement que, pendant un séjour de plusieurs mois dans une maison amie, il n'avait jamais vu le mari donner la moindre marque d'affection à sa femme, quoique celle-ci fût, à tous égards, bien supérieure à son mari.

Elle a traîné, pendant plus d'un quart de siècle, une misérable existence aux côtés d'un époux absolument indifférent à son confort, à son plaisir ou à son bonheur. Il ne lui offre jamais de sortir avec lui, et nulle part on ne les voit ensemble. Jamais il ne semble penser qu'elle peut avoir besoin d'un changement, d'une distraction, d'une vacance. Quand il voyage, il est seul ou en compagnie d'amis. Et cependant, cet homme n'est ni méchant, ni cruel; il est seulement indifférent; il n'aime pas sa femme.

Pour beaucoup de femmes, l'indifférence est pire que la cruauté, si le mari, quelque cruel qu'il soit, leur témoigne par moments un peu d'affection. Une complète indifférence est la chose qu'un cœur de femme peut le moins supporter; elle en souffre extrêmement.

L'indifférence et la cruauté sont des formes tangibles de l'égoïsme. D'une façon moins évidente, peut-être, cet amour de soi-même, que beaucoup d'hommes confondent avec l'amour pour leur femme, l'est aussi. C'est une sorte de projection d'eux-mêmes qu'ils aiment dans leur femme. Ils pensent plus à leur propre confort, à leur propre bien-être, à leurs propres plaisirs qu'au vrai bien-être de leur femme.

Et ces hommes ne croient pas être égoïstes dans leur vie conjugale; ils croient réellement être généreux; mais leur vie est tellement concentrée sur eux-mêmes, qu'ils ne peuvent considérer leur femme en dehors d'eux. Le vrai amour, cependant, se préoccupe avant tout du bonheur de son objet et non du sien propre.

Il est heureux pour le monde que l'amour de la femme ne soit pas aussi égoïste que celui de l'homme; sans cela, le monde retournerait bientôt à la barbarie.

Quand une femme a tout donné à un mari qui, avant le mariage, était tendre et affectueux, qui avait des égards et des attentions généreuses pour elle, elle ne peut s'empêcher de souffrir quand, après, il se montre indifférent, et n'a plus pour elle ces petites attentions qui faisaient sa joie.

Il semble impossible qu'un homme qui a pu être si affectueux, si bon et si plein d'égards lorsqu'il cherchait à obtenir l'objet de ses vœux, puisse devenir si indifférent et si cruel lorsqu'il le possède!

Pour beaucoup d'hommes, le roman cesse au mariage, comme l'intérêt du chasseur disparaît lorsqu'il a tué le gibier.

J'ai vécu dans la maison d'un couple où le mari témoignait la plus complète indifférence pour sa femme, et la traitait plus comme une domestique que comme une épouse. Si elle disait qu'elle avait mal à la tête ou se sentait peu bien, il ne lui témoignait aucune sympathie, mais la poursuivait de remarques sarcastiques.

Il n'essayait jamais, en aucune façon, de la soulager de son fardeau, et ne lui témoignait aucune attention. Il n'était pas même poli avec elle. Il ne prenait aucune responsabilité dans l'éducation des enfants ou dans la direction du ménage.

Il passait la plupart de ses soirées au club ou dans la compagnie de femmes qu'il trouvait plus attrayantes que la sienne, et avec lesquelles il dépensait sans compter, tandis qu'il était extrêmement avare avec son épouse, et lui faisait rendre compte de chaque sou qu'elle dépensait.

Il amenait même parfois ces femmes chez lui, et sa compagne, tout en souffrant le martyre, essayait de les recevoir gracieusement et aimablement.

S'il y a une personne à plaindre dans le monde, c'est la femme qui donne son amour et se sacrifie perpétuellement pour ne recevoir en retour que de l'indifférence, de la négligence, et même de la cruauté. N'est-il pas criminel, pour un homme, de prendre une jeune fille belle, affectueuse, gaie, de l'arracher à la demeure paternelle, après lui avoir fait goûter le temps délicieux des fiançailles, puis de lui enlever toute gaîté et de glacer son amour par une indifférence et un égoïsme coupables? Peut-il y avoir un désappointement plus terrible, pour une femme, que voir son rêve d'amour s'évanouir, et le bonheur de son foyer s'éteindre sous les glaces d'une froide et cruelle négligence?

La jalousie et les soupçons empoisonnent aussi l'atmosphère de la famille. La joie du foyer ne peut exister où ils règnent. Au seuil de leur vie conjugale, les jeunes époux devraient prendre la résolution de ne jamais laisser le soleil se coucher sur leur colère. Les amoureux s'imaginent volontiers qu'ils ne se querelleront jamais. Cependant, la plupart des maris et des femmes ont parfois, entre eux, de petits différends, qui n'ont pas beaucoup d'importance, pourvu qu'ils s'astreignent à suivre cette simple règle: ne jamais se coucher sans être en bonne harmonie. Si la paix a été troublée, qu'ils la rétablissent avant l'heure du sommeil. Si l'un a dit ou fait quelque chose qui a chagriné l'autre, qu'il le confesse et en demande pardon, avant de mettre sa tête sur l'oreiller.

«Nous nous offensons trop facilement, écrit quelqu'un. Je connais des ménages où la désunion se met entre le mari et la femme pour des bagatelles. Le mari part pour son travail sans embrasser sa femme, il en est malheureux tout le jour; et la femme, à la maison, n'est pas moins malheureuse que lui. Ils ont oublié le temps où *elle* personnifiait tout ce qui était beau et bon, et où *lui* était le seul héros parmi tous les hommes. Pour un rien, ils nourrissent de mauvaises pensées l'un à l'égard de l'autre; cela vaut-il vraiment la peine de compromettre ainsi tout le bonheur d'une journée? Que c'est petit et mesquin! Si ces époux voulaient seulement prendre le temps de réfléchir, ils auraient honte d'eux-mêmes, se demanderaient pardon, et se mettraient à répandre le soleil et la paix dans leur foyer, au lieu de s'offenser mutuellement pour des choses sans importance de quelque côté qu'on le considère.»

«Tu as été la meilleure mère de la terre!» criait un fils à sa mère, alors qu'elle était sur son lit de mort. Cette veuve avait beaucoup peiné et lutté pour élever son garçon. Cependant, c'était la première fois que son fils reconnaissait qu'elle avait été une bonne mère. Elle tourna vers lui ses yeux mourants, et lui dit: «Pourquoi ne me l'as-tu pas dit plus tôt, John?»

Pensez quel encouragement cela aurait été pour cette pauvre femme, si son fils lui avait montré son amour, et lui avait dit qu'il appréciait ses efforts! Comme cela aurait illuminé et ensoleillé sa vie si dure!

Pensez à ce qu'est la vie d'une femme qui a une douzaine d'enfants, ce qu'elle doit supporter et endurer lorsqu'elle n'a pas les moyens de se faire aider, et que tout l'ouvrage du ménage retombe sur elle! Être enfermée, dans la maison, année après année, sans aucune distraction! Combien de temps un homme supporterait-il une existence pareille? Comment conserverait-il sa bonne humeur dans une semblable situation? Quelques jours sans sortir de la maison, c'est tout ce qu'un homme peut supporter, surtout si son repos est troublé par le bruit des enfants.

Peu d'hommes comprennent combien rapidement une femme se fane, s'use et perd sa gaîté lorsqu'elle doit travailler comme une esclave, tout le jour, et encore tard le soir, pour subvenir aux soins à donner à une nombreuse famille. Parce qu'une femme fait tout ce qu'elle peut pour aider son mari, ce n'est pas une raison de permettre qu'elle ruine sa santé et perde le goût de vivre. Il n'y a rien de plus fatigant, rien de plus exaspérant, rien qui use davantage que le travail monotone et pénible du ménage. L'homme a des occupations variées dans la journée, mais la femme est esclave à la maison; elle a rarement des distractions. Comment pourrait-elle conserver sa joie, si nécessaire cependant pour les enfants?

Bien des hommes rentrent chez eux de mauvaise humeur, et s'étonnent de ce que leur femme n'est pas, après une journée d'un travail qui use les nerfs, aussi gaie et aimable qu'ils le voudraient. Et que font-ils pour lui rendre la soirée agréable? Combien de fois, dans une année, cherchent-ils à lui procurer quelque délassement? Quand lui accordent-ils des vacances? Depuis combien de temps ne lui ont-ils plus offert quelques fleurs, un joli livre ou quelque petit présent qui lui prouveraient que son mari a pensé à elle? Combien de fois de tels hommes renoncent-ils à leur club ou à leur société pour rester à la maison et aider leur femme dans les soins à donner aux enfants, ou pour lui rendre la soirée agréable?

Le foyer a le malheur d'être l'endroit où tous les membres de la famille se rencontrent harassés, de mauvaise humeur, après leur journée de travail. Les enfants sont fatigués de l'école ou du jeu, le père a eu des ennuis au bureau, la mère a eu des soucis de ménage. Et le père, qui a dû faire face à toutes les difficultés de la journée, ne se sent plus astreint chez lui à la même retenue qu'à ses affaires, et laisse trop souvent libre cours à son énervement.

Plus d'un homme ne donne ainsi à sa famille que les restes de son énergie et de son amabilité. Comment s'étonner que les enfants le fuient, qu'ils ne s'élancent pas au devant de lui pour sauter dans ses bras et l'embrasser? Ils en ont peur, et savent qu'en sa présence ils doivent se tenir tranquilles, sous peine d'être chassés dans la chambre ou envoyés au lit.

Faites des repas une occasion de réjouissance, de telle sorte que chacun des membres de la famille les considère comme le plus heureux moment de la journée, celui où l'on jouit d'une agréable conversation, d'une gaîté de bon aloi. Enseignez aux enfants à venir toujours à table de bonne humeur, et à ne dire que des choses agréables. Si cette bonne habitude était inculquée à tous les enfants, la vie de famille serait révolutionnée, et les médecins n'auraient bientôt plus d'ouvrage!

Dans quelques familles, la conversation à table est si agréable que c'est un vrai plaisir d'y dîner. On est sûr de passer là un joli moment. C'est, parmi ses membres, une aimable rivalité à qui dira la meilleure histoire ou la plaisanterie la plus spirituelle. Dans cette famille, personne ne souffre de dyspepsie.

Faites-vous un devoir de prendre un moment de repos et d'agrément après le dîner ou après le souper. Que votre présence dans la maison soit pour les enfants le meilleur moment de leur existence. Prenez la résolution de faire de votre foyer l'endroit le plus heureux de la terre, un lieu si attrayant que vos enfants préfèrent y passer leurs soirées plutôt que partout ailleurs. N'ayez pas peur d'un peu de bruit, ou de quelques dégâts occasionnels. Cela vaut infiniment mieux qu'une enfance comprimée, que la dyspepsie et les notes du docteur. La croissance de plus d'un enfant a été entravée, dans le but de ménager le mobilier ou ses vêtements.

La plupart des hommes emploient, pendant la journée, la crème de leur énergie et de leur amabilité, et n'apportent à la maison que le lait écrémé et parfois aigre! Alors ils s'étonnent que la femme ne soit plus aussi aimable qu'autrefois! Ils ne se rendent pas compte quelle infime part d'eux-mêmes ils lui apportent, et ils voudraient récolter les mêmes fruits que lorsqu'ils se donnaient à elle tout entiers. Leur dépression et leur humeur sombre ne peuvent éveiller chez elle son ancienne gaîté et son gentil bavardage; elles paralysent les jeux des enfants; elles étouffent la joie du foyer.

CHAPITRE XXI
La joie du foyer est une force

Quelques-uns des foyers les plus heureux que j'aie connus, foyers où régnaient l'intelligence, la paix et la concorde, étaient de pauvres foyers. Pas de riches tapis sur les planchers, ni de belles peintures aux murs, pas de piano, de bibliothèque ou d'œuvres d'art. Mais là vivaient des cœurs contents, des êtres dévoués, dont chacun contribuait au bonheur de tous, et qui essayaient de compenser, par leur intelligence et leur bonté, la pauvreté de leur milieu.

Quelle triste chose que de voir un homme lutter de toutes ses forces pour empiler quelques écus, et négliger entièrement ce pour quoi il était né: une vie heureuse, enrichie par une femme et des enfants.

L'or et l'argent peuvent acheter une maison, mais non un foyer; quelles richesses de tendresse, d'abnégation, de bonté et de paix ont transformé d'humbles logis en palais où le cœur s'épanouissait!

Un jeune mari doit se souvenir qu'une femme sacrifie infiniment plus de choses pour l'homme qu'elle aime, que lui pour elle, et il doit s'appliquer à prévenir les désappointements du début de la vie conjugale. Si l'homme et la femme faisaient cela l'un pour l'autre, les tribunaux qui prononcent les divorces n'auraient plus rien à faire.

Les hommes se croient souvent supérieurs à leurs femmes parce qu'ils pourvoient aux besoins de la famille et qu'ils s'imaginent que le fait de gagner de l'argent prouve une habileté supérieure. Et cependant, la plus grande partie de leurs succès est due à l'influence de leur femme, à son tact, à son habileté à rendre son foyer heureux. Une bonne femme veille à ce que son mari soit en état de bien travailler; elle l'empêche de se tourmenter, elle le garde de la dissipation et de tout ce qui pourrait diminuer ses forces et son énergie.

Beaucoup d'hommes sont sains, normaux, économes et soigneux, grâce à l'influence de leurs femmes. Un foyer modèle est une grande sauvegarde pour un homme. Il lui insuffle de l'énergie, et l'empêche de se décourager. Il développe le côté affectueux de sa nature, et le rend plus fort et mieux équilibré. L'homme produit davantage lorsque la concorde et l'affection règnent dans son foyer.

J'ai connu, et je connais encore, bien des femmes qui ne réclament rien, qui n'ont aucun crédit dans le monde, et qui n'en sont pas moins les auteurs de la réputation de leurs maris. Il y en a d'autres qui aident si discrètement leur mari que lui-même ne s'en doute pas.

On a dit que «l'amour est un épisode dans la vie de l'homme, toute une époque dans celle de la femme». Beaucoup d'hommes n'aiment pas autant leurs femmes que celles-ci les aiment. Une femme dévouée excuse volontiers les faiblesses de son mari. Elle ne réalise pas que les mêmes choses dont il faisait tant de cas avant son mariage, sont celles qui le retiendront après, et qu'en cela réside son pouvoir magique.

L'homme n'aime pas comme la femme. Son affection est plus égoïste. Quand une bonne femme a donné son amour, c'est pour toujours, et son dévouement ne dépend pas de l'attrait, comme celui de son mari.

Il est vrai que des femmes mariées commettent souvent la fatale erreur de ne pas se rendre aussi attrayantes après le mariage qu'avant. Elles pensent que leur valeur réelle sera suffisante pour retenir leur mari, sans qu'il soit besoin de surveiller leurs charmes, leurs vêtements ou leur maintien.

Si vous êtes désappointé en ce qui concerne votre compagne, examinez-vous vous-même, et voyez si ce n'est pas en partie votre faute. Une femme n'a aucun goût à bien se vêtir lorsque son mari ne s'occupe de sa toilette ou de sa coiffure que pour les critiquer. Il n'est pas aisé pour une femme d'être aimable et de causer gentiment avec un homme qui ne lui adresse, comme répliques, que des gronderies. Elle ne peut créer seule la joie du foyer.

Pourquoi parlez-vous à votre femme avec un ton que vous n'oseriez pas employer avec une autre femme?

Essayez, pendant quelque temps, de la louange, des paroles aimables. Abandonnez les gronderies.

«La louange est un stimulant, le blâme déprime», a dit Dorothée Dix.

Et Ella Wheeler Wilcox: «Si vous saviez que votre conjoint devra mourir dans une année, comment vous conduiriez-vous pendant ce laps de temps?

«Vous impatienteriez-vous pour des bagatelles et ruineriez-vous votre bonheur et celui d'un autre parce que le repas est en retard, ou qu'il y a eu malentendu sur l'heure ou l'endroit où vous deviez vous rencontrer? Voudriez-vous irriter, désespérer et décourager celui auquel vous êtes lié pour la vie?

«Je suis sûre que non. Vous seriez plein d'égards, patient et bon, en sachant que le visage que vous aimez sera bientôt hors de votre vue, et que vous n'entendrez plus la voix qui vous est si chère. Vous penseriez à toutes les vertus de cet homme ou de cette femme; vous vous rappelleriez les jours heureux de vos fiançailles, et vous vous excuseriez pour tous vos manquements, comme vous le faisiez alors.

«Pourquoi ne pas témoigner le même support, la même affection et la même courtoisie à celui ou à celle qui vivra avec vous pendant de nombreuses années, qu'à celui ou à celle qui devra bientôt mourir? Lorsqu'un mariage est ce qu'il doit être, le vrai roman commence le jour des noces.»

La plupart des hommes ne savent pas combien il faut peu à une femme pour être heureuse. Elle abandonnera toutes choses, supportera la pauvreté et les difficultés pour créer un foyer agréable et confortable, si son affection est encouragée. Mais si son cœur n'est pas satisfait, elle dépérira, même en vivant dans un palais, entourée de tout le luxe possible. Aucune fortune ne remplacera pour une femme l'affection et l'estime de son mari, exprimées par une multitude de petites attentions.

Le grand but des jeunes mariés devrait être de ne pas se laisser envahir par la routine, et de maintenir, non seulement leur amour, mais les témoignages de cet amour, de toutes les façons possibles. Dans le bonheur du foyer, réside leur force à tous deux.

Le sentiment ne suffit pas; il faut de la bonne volonté pour maintenir, dans la pratique, l'harmonie et la joie. Un homme prompt devra éviter tout ce qui peut occasionner des frottements, et il n'y a pas de meilleur moyen pour cela que de former une association d'après laquelle la femme dirigera son ménage à sa guise, et l'homme ses affaires, sans l'ingérence de sa femme. Le foyer doit être regardé comme le royaume de la femme, et elle doit pouvoir le gouverner à son gré. Si elle veut demander l'avis de son mari, tout est bien, mais il doit rester entendu que le foyer est son domaine, qu'il est placé sous son contrôle exclusif, et qu'elle doit s'y sentir parfaitement indépendante, comme son mari l'est dans le sien. Une grande partie des frottements conjugaux proviennent des difficultés pécuniaires, et pourraient être évités par un emploi bien déterminé des finances du ménage.

En règle générale, il est rare qu'un homme sache dépenser l'argent du ménage aussi sagement et avec autant de bon sens que sa femme.

Heureusement, il est de plus en plus de mode que les hommes allouent une certaine somme à leur femme, chaque semaine ou chaque mois, pour l'entretien du ménage, en la laissant libre de la dépenser selon ses besoins, et sans qu'elle ait à en rendre compte. La femme paye les provisions, le salaire de la domestique, achète les vêtements de la famille et pourvoit à ses dépenses personnelles, sans qu'aucune question lui soit posée. Elle jouit beaucoup de son indépendance, et les disputes ne s'élèvent pas aussi facilement que lorsque l'argent lui est livré franc par franc.

Quand la liberté et la joie sont l'apanage de l'épouse, ils deviennent l'héritage des enfants. Une heureuse enfance est la meilleure des préparations pour une heureuse maturité.

Beaucoup de foyers sont trop sérieux. Pourquoi ne pas laisser les enfants jouer et sauter au contentement de leur cœur? Ils seront assez matés par la vie; ils en verront assez vite les mauvais côtés. Prenez la résolution de *les rendre aussi heureux que possible* pendant qu'ils sont à la maison, afin que lorsqu'ils feront plus tard des expériences pénibles, ils puissent regarder en arrière vers la maison parternelle comme vers une oasis charmante, l'endroit le plus heureux du monde.

Il faut encourager, au foyer, la gaîté et la plaisanterie de bon aloi. Cela retient les enfants à la maison, et les éloigne de tout ce qui est vicieux ou morbide.

Le foyer devrait être le théâtre des jeux et des sports de toute nature, une place où les enfants auraient leur rôle à jouer sous la direction des parents. Un peu de gymnastique, de jeux avec vos enfants, le soir, vous procureront un bon sommeil pour la nuit. Vous serez plus éveillé et de meilleure humeur le lendemain; vous ferez plus d'ouvrage avec moins de peine.

Nous avons tous expérimenté quel baume bienfaisant, quel rafraîchissement, quel rajeunissement nous apporte une bonne soirée passée gaîment en famille ou avec des amis, après une journée de travail fatigant qui a déprimé nos corps et nos esprits. Quel pouvoir magique une seule heure de gaîté et de délassement peut exercer sur une âme fatiguée!

Cultivez la musique à la maison.

La musique rétablit et conserve l'harmonie mentale; elle dissipe les troubles et le désordre mental que procurent les maladies nerveuses.

«La musique donne une âme à l'univers, des ailes à l'esprit, une envolée à l'imagination, un allégement à la tristesse, de la gaîté et de la vie à toute chose. Elle rétablit l'ordre, et conduit à tout ce qui est bon, juste et beau», disait Platon.

Le bonheur doit commencer au foyer. La réunion de la famille autour de la table, pour le repas du soir, doit être une réunion gaie où l'on babille en liberté.

Avalez de la gaîté avec vos aliments. Le résultat est splendide. C'est le meilleur élément de santé, et cela vaut mieux que d'avaler une cuillerée de dyspepsie avec chaque bouchée de nourriture. L'heure du repas devrait pouvoir être considérée, par chacun des membres de la famille, comme une heure de gaîté, de joyeux rires, de conversation agréable. Les enfants devraient être habitués à venir à table bien disposés et à n'y parler que de choses agréables.

Qui pourra estimer ce que la société doit à un homme qui rêve d'avoir son foyer à lui! Quel stimulant ce rêve est pour lui à tout âge! C'est lui qui retient le jeune homme à son travail, qui le soutient aux heures de difficultés et de découragement. C'est ce rêve qui a fait sortir de la médiocrité un grand nombre de jeunes gens. Rien n'a plus d'influence sur l'homme que la vision de son propre foyer. La pensée de sa femme et de ses enfants, qui lui sont plus chers que la vie, a empêché une multitude d'hommes de s'égarer loin du droit chemin. Pour beaucoup d'entre eux, le foyer est une oasis dans leur vie déserte.

Que ne ferait pas un homme pour le salut de son foyer? Pour lui, les hommes traversent les mers, explorent les continents. Ils endurent la chaleur des tropiques et le froid des régions arctiques; ils explorent les mines dans les déserts, et se séparent de toute civilisation, pendant des années pour le bien de leur foyer.

Le foyer a toujours été le thème favori des poètes, des auteurs et des artistes. L'histoire révèle tous les sacrifices que les hommes lui ont faits.

La moitié de la misère du monde serait évitée si tous voulaient s'appliquer à rendre leur foyer gai, plutôt que d'aller chercher la gaîté ailleurs.

Il y a chez tous les jeunes un besoin irrésistible de gaîté et d'amusement, et si ce besoin était mieux satisfait à la maison, il ne serait pas si difficile d'y retenir les jeunes garçons et les jeunes filles. Je pense toujours qu'il y a quelque chose de défectueux au foyer lorsque le père et les enfants ne pensent qu'à s'échapper, le soir, pour aller dans un endroit où ils passent une joyeuse soirée. Un intérieur gai et heureux est un puissant aimant pour les enfants et pour l'homme. La mémoire sacrée d'un tel foyer a souvent empêché un de ses membres de perdre le respect de soi-même et de commettre une mauvaise action.

La gaîté est la médecine la meilleure et la moins chère pour vos enfants aussi bien que pour vous-mêmes. Donnez-leur en une bonne dose. Cela vous évitera les notes du docteur, et, en rendant vos enfants plus heureux, vous augmenterez leurs chances de bonheur. Nous n'aurions pas besoin de tant de prisons, de tant d'asiles d'aliénés et d'établissements de bienfaisance, si les enfants avaient une enfance plus heureuse.

«Ici l'on se repose et l'on est heureux.» «Aucun souci n'est admis ici.» Voilà les devises qui devraient être placées et mises en pratique dans chaque maison. La joie du foyer est une puissance pour le bien dans ce monde.

TABLE DES MATIÈRES

Achevé d'imprimer au Canada
Imprimerie Gagné Ltée Louiseville